KB135263

새 시대
한국인의 효

사 회 적 효 와 가 족 적 효 의 종 합

새 시대
한국인의 효

성규탁 지음

The New Way of Filial Piety in Korea
A Combination of Social Filial Piety and Familial Filial Piety

————

Kyu Taik Sung, Ph.D.
Center for Filial Piety Culture Studies
Socio-Economic Society, Inc.
Seoul, Korea

Korea Studies Information Company, Ltd.
Republic of Korea

책을 내면서

우리 겨레는 여러 세대에 걸쳐 노부모와 고령자를 존중하며 돌보는 효의 가치를 실현해 오고 있다. 이 가치는 급변하는 산업사회에서도 여전히 노부모·고령자에 대한 태도와 행동을 조정하고 판정하는 도덕적 규범으로 작용하고 있다. 하지만 가족이 행하는 효는 돌보는 손이 부족하고, 지리적으로 떨어져 살고, 고령자의 신체적 및 사회적 문제가 늘어나며, 일부 부양자의 돌보는 능력이 약해짐에 따라 실행이 어려워지고 있다.

한편 지방자치단체는 노인복지법 등 법에 따라 경로효친을 촉진하는 각종 사업을 대사회의 사회복지단체들과 공익단체들로 하여금 각 지역에서 실행토록 하고 있다. 이러한 가족중심의 효와 대사회 주도의 경로효친은 다 같이 노부모와 고령자를 존중하며 돌보는 공동의 목표를 지향하고 있다. 따라서 서로를 연계해서 협동할 필요가 있다. 이 목표를 실행하는 데 가족과 대사회가 지켜야 할 긴요한 원칙은 노부모·고령자를 인간중시적으로 돌보는 것이다.

위와 같은 시대적 필요를 염두에 두고 경험적 자료와 경전 및 문헌을 참조하여 가족과 대사회가 한국의 사회문화적 맥락에서 실행하는 효·경로효친의 현황을 비교, 분석하고 이의 바람직한 방향을 찾아 제언하고자 한다.

머리말

　우리는 여러 세대에 걸쳐 효의 가치와 관습을 받들며 실행해 오고 있다. 산업화는 우리에게 풍요한 생활을 가져왔지만, 이에 따라 일어난 가족 안팎의 대변동은 다수 가족들의 이 가치와 관습의 실현을 약화하는 충격적 상황을 자아내고 있다. 오늘날 많은 가족들은 스스로 노부모를 돌보기가 어려워져 가족 바깥의 커다란 사회가 제공하는 돌봄을 필요로 하고 있다(권중돈, 2019; 김영란, 황정임, 최진희, 김은경, 2016; 김익기 외, 1999).

　발전도상에 있는 사회보장제도만으로는 이런 커다란 충격을 흡수하기가 어려운 실정이다. 그래서 대사회가 행하는 고령자 돌봄과 개개 가족을 중심으로 이루어지는 노부모 돌봄을 연계, 종합해야 한다는 소리가 높아지고 있다.

　　[노부모와 고령자에게 공동으로 해당되는 사항에 대해서는 '노부모 · 고령자'로 표기함.]

　이러한 시대적 변동에 즈음하여 노부모 돌봄-효-의 가치를 다시 밝혀 새로운 사회 실정에 맞는 방법으로 가족 안팎에서 실현하는 방식을 개발, 적용하는 과제를 우리는 안고 있다.

이 과제를 염두에 두고 새 시대에 실행할 효로서 대사회가 행하는 고령자 돌봄(효)과 가족중심으로 이루어지는 노부모 돌봄(효)의 두 가지의 효를 들어 볼 수 있다.

새 시대의 대사회에서는 사회복지조직들과 공익단체들이 사회적인 고령자 돌봄사업을 개발, 실행해 나가고 있다. 즉 지방자치단체(시, 도, 군) 지원하에 노인복지관, 노인요양원, 노인병원, 치매요양원, 재가복지센터, 가족상담소, 일자리마련센터 등의 각종 사회복지조직(시설)들과 사회복지재단, 종교단체, 기업의 사회공헌단, 자원봉사집단 등의 공익단체들이 크고 작게, 장기적 또는 단기적으로 사회적 고령자 돌봄사업을 개발, 촉진하고 있다.

한편 대다수 가족들은 친척, 가까운 친구 및 이웃과 친함과 정실로써 서로 존중하며 돌보는 유대관계를 이루어 시대적 변화로 발생하는 어려움을 극복하며 대안을 찾아 노부모를 돌보아 나가고 있다.

이러한 대사회의 다양한 돌봄조직들과 개개 가족들의 고령자 돌봄을 이끄는 중심적 힘은 인간중시적인 가치를 바탕으로 존엄성을 간직한 노부모·고령자에게 행하는 효(孝)와 경로효친(敬老孝親)이라고 본다. 아래에 논하는 바와 같이 효의 기본은 부모를 존중하며(敬) 돌보는(孝) 것이다. 경로효친도 역시 고령자를 존중하고(敬老) 부모를 돌보는(孝親) 것이다. 즉 모두가 노부모와 고령자에 대한 존중과 돌봄을 공통적으로 행한다.

[주: 이하 '효'와 '경로효친'은 같은 뜻-부모·고령자에 대한 '존중' 및 '돌봄'-을 담고 있다고 보고 번갈아 적용함.]

이 책에서는 대사회의 사회복지조직들과 공익단체들이 법과 규정에 따라 실행하는 노부모·고령자 돌봄을 '사회적 효'라고 부르고, 가족원들을 중심으로 친척, 친구 및 이웃이 인간적인 정으로써 행하는 노부모·고령자 돌봄을 '가족적 효'라고 부르고자 한다.

[주: 효는 나의 부모에 대한 존중과 돌봄에서 시발하여 다른 사람의 부모를 존중하고 돌보는 데로 미치는 너그러운 행동으로서 그 대상이 가족에서 사회로 확장되어야 함을 유교 경전과 문헌에 교시되어 있음(효경, 천자장; 이황, 퇴계집, 차자 인설).]

[주: '고령자'라 함은 나이가 들어 사회적, 심리적 및 생물학적 기능이 다소간 낮아진 분들을 말하며 '노인'과 같이 비하 또는 낮추어 보는 뜻이 들어 있지 않고 나이가 든 분들을 넓게 가리킴. 국제노년학·노년의학협회(IAGG)는 the elderly, seniors 및 the aged를 가장 흔히 사용함. 이 용어들에는 '고령자'와 유사하게 존중한다는 뜻이 스며들어 있음.]

이 두 가지의 효-가족적 효와 사회적 효-를 연계, 종합함으로써 보다 더 바람직하게 효·경로효친을 이룩할 수 있다고 본다. 그런데 가족중심적 돌봄-가족적 효-은 노부모·고령자를 위한 돌봄의 중심이 되어 있다.

나라의 고령자복지정책도 이 가족적 효를 촉진하는 방향을 잡고 있는 것이 사실이다. 아래에 논하는 바와 같이 한국을 포함한 동아시아 나라들(중국, 일본, 대만, 싱가포르 등)에서는 공통적으로 이러한 가족중심적 돌봄을 위한 고령자복지정책이 실시되고 있다. 이런 접근은 가족의 고유한 사회적 위치와 효 기능을 중시하는 유교문화권에서 일어나는 문화적 현상이라고 본다.

덧붙일 사실은 다음 장에 제시하는 노인복지법에 규정되어 있는 바와 같이 대사회와 가족은 같은 목표로서 효·경로효친을 실현해야 할 법적 의무가 있다. 이러한 공동의 의무를 수행하는 대사회와 가족은 결코 격리된 존재가 아니라 나라의 커다란 체계 안에서 서로 연계되어 서로 의존하며 서로 돌보는 공동체를 이루고 있는 것이다. 이 공동체 안에서 가족적 효행자는 사회적 효의 지원을 받을 수 있고 사회적 효행자는 가족적 효의 지원을 받을 수 있다고 본다. 이러한 관계를 가진 두 가지의 효를 한국의 사회문화적 맥락에서 바람직하게 수행하는 방향과 방법을 탐색하여 논의해 나가고자 한다.

목 차

제1장

효의 기본적 가치와 실현

1

동아시아 나라들의 효: 새로운 표현

동아시아의 한국을 포함한 민주화되고 부유한 나라들은 고령자 돌봄에 대한 사회적 책임을 넓혀 나가고 있다. 하지만 이들은 가족중심의 노부모·고령자 돌봄을 권장하는 정책적 방향을 잡고 있다. 사회와 가족이 함께 노부모·고령자 돌봄에 참여하려는 것이다.

한국을 비롯한 동아시아 나라들은 고령인구 증가, 출산율 저하, 고령자의 욕구 증대, 가족의 자체 돌봄 능력 약화 등 시대적 변화에 대응하여 늘어나는 고령자문제를 해소하기 위한 해결책을 찾아 나가고 있다.

1990년대에 들어 대만, 싱가포르, 중국, 일본, 한국에서는 노부모 돌봄을 권장, 촉진하는 법을 제정하였다. 이런 법제정이 고령자문제 해소를 위한 최선의 방법은 아닐지라도 노부모 돌봄에 대한 가족의 책임을 강조하고, 고령자 돌봄에 대한 나라와 사회의 책임을 수행토록 이끄는 가치적 기틀이 되고 있음이 분명하다.

대만(타이완)에서는 초등학교 때부터 효 교육이 실행되고 있다. 부모부양법(父母扶養法)을 제정하여 20세 이상 성인 자녀는 부모를 돌볼 책임이 있으며 이를 실행치 않으면 형벌을 받게 된다. 가족중심의 정서적 및 수단적 노부모 돌봄을 동아시아 나라들 중에서 으뜸가게 실행하고 있다(조지훈, 오세근, 양철호, 2012). 사회적 효와 가족적 효를 함께 모범적으로 실행하고 있는 것이다.

싱가포르도 부모법(Parent Act)을 제정하여 성인 자녀는 노부모에게 부양비를 지불하도록 규정하였다. 자체 돌봄 능력이 없는 노부모는 성인 자녀가 이런 지원을 하지 않으면, 부모돌봄심판위원회(The Tribunal for the Maintenance of Parents)를 통해서 부양지원을 요구할 수 있다. 이 나라의 지역사회개발부는 이웃(소지역)이 제공하는 사회적 돌봄과 연계해서 가족중심적 고령자 돌봄을 권장, 추진하고 있다(Serrano, R., Seltman, R., & Yeh, M. J., 2017; Singapore Statues Online, 2020).

일본에서는 가족 크기가 줄고(평균가구 크기: 2.58명, 2020), 고령인구는 증가하며 와상(臥床) 노인 수가 급증하는데 가족의 돌봄 기능은 감퇴되고 있다. 이에 대응하여 지방정부의 돌봄 책임을 확장해 나가고 있다. 노인복지법과 노인보건법에 따라 가족중심 돌봄서비스(가정방문서비스: 목욕, 간호, 재활, 의료보조·상담, 의료 돌봄, 교육 및 여가 돌봄 등)를 제공한다. 새 황금계획(New Gold Plan)을 설정하여 가사 돌봄, 단기요양시설, 데이케어, 의료·복지를 촉진하는 소지역중심의 재가(在家)돌봄사업을 확대해 나가고 있다(Raiskola, P. S., & Kuroki, Y., 2010).

한국도 노인복지법 등 경로효친을 권장, 지원하는 법을 제정하여 국민연금을 포함한 사회보장제도와 장기요양을 비롯한 사회복지 돌봄서비스를 발전적으로 운영해 나가면서 노인복지국가로서의 면모를 새롭게 하고 있다. 한국도 역시 내 집·이웃마을의 소지역중심으로 고령자를 위한 재가 돌봄을 권장, 추진하는 정책적 방향을 잡고 있다.

사회주의 체제하의 중국에서는 노인권익보장법(老人權益保障法)에 따라 성인 자녀는 노부모의 의식주와 치료·간호비를 제공할 책임이 있으며 노부모는 부양비를 받을 권리가 있다. 별거하는 자녀는 노부모를 방문할 법적 의무를 수행해야 한다. 이러한 법적 권리가 침해되면 노부모는 인민법원에 고발할 수 있다. 이런 공적 개입과 함께 고령자에 대한 애경조(愛敬助 사랑, 존경, 도움)를 마을공동체 중심으로 행하면서 내 집에 살면서 편안한 노후를 누리도록 하는 거택안락(居宅安樂)을 추진하고 있다(Du, 2013; 고춘란, 2014; 왕웬양, 2011).

위의 동아시아 나라들은 여러 세대에 걸쳐 사회구조 속 깊이 스며든 효의 사상과 관행 덕분으로 효·경로효친을 쉽게 실행해 왔다. 서양 나라 지식인들이 부러워하는 효의 문화적 가치를 잘 실현해 온 것이다. 하지만 사회적 대변동으로 가족의 효·경로효친 주역자로서의 자리가 흔들리고 있다. 일부 가족들의 노부모를 존중하며 돌보는 기능이 줄어들고 있는 것이다. 다행이 가족 돌봄을 받기 어려운 노부모·고령자는 다음 장에 열거하는 각종 사회적 돌봄, 즉 비가족적인 돌봄서비스를 받을 수 있다.

새 시대에는 이러한 사회적 돌봄-사회적 효-을 가족중심적 돌봄-가족적 효-과 같이 인간중시적으로 실행하는 일이 매우 중요한 과제로 드러나고 있다. 노부모·고령자의 삶은 인생의 의미, 가치와 믿음, 존경과 온정에 대한 바람으로 차 있다. 이 때문에 이분들의 내면적인 정서적 차원에 대한 신중한 배려를 하여 돌봄의 인간화에 주력해야 한다. 어른, 선배, 공로자이기에 앞서 고귀한 사람으로서 존엄성을 간직한 분들이다. 아래에 논하는 우리의 인간중시적인 문화적 맥락에서 이분들에 대한 효와 경로효친을 바람직하게 실행해 나가야 하는 것이다.

나라마다 사회적 돌봄을 확장하고 있다. 가족적 돌봄 기능의 상당한 부분을 대사회가 대신 해 나가는 것이다. 이런 과정에서 전통적 효의 가치는 지속되지만 이를 표현 및 실행하는 방식은 수정, 변화되어 가고 있다. 이러한 변화의 맥락에서 가족적 효와 사회적 효를 연계, 종합해야 할 필요성이 급증하고 있다. 하지만 우리가 깨달아야 할 사실은 이런 변화과정에서도 가족이 노부모를 돌볼 기능을 포기했다는 공론은 드러나지 않고 있는 것이다.

위에 논한 바와 같이 동아시아 나라들은 공통적으로 사회적 효로 가족적 효(거택부양 居宅扶養, 재가복지 在家福祉)를 뒷받침하고 있다. 가족적 돌봄을 사회적 돌봄과 연계, 종합하는 돌봄사업을 내 집·정든 마을의 소지역중심으로 실행하고 있는 것이다. 인간적인 정이 녹아 들어가 있는 이런 소지역중심 돌봄(커뮤니티 케어 Community Care)이 두 가지 돌봄을 연계, 종합하는 새로운 접근으로 등장하였다(복지저널, 2018: 5 & 10). 이 발전된 인간중시적 접근에 대해서 제4장에서 논의한다.

위에 열거한 접근을 하는 동아시아 나라들은 공통적으로 효·경로효친을 고령자돌봄정책의 이념적 기틀로 삼고 있으며 가족적 효를 사회적 효로써 보완해서 실행하기 위한 노력을 진행하고 있음이 분명하다. 이런 노력을 우리가 이어받은 전통적인 인간중시적 가치를 발현하며 실행해 나가야 할 것이다.

2
인간중시적 전통의 지속

효는 노부모·고령자에 대한 존중과 돌봄을 중요시하는 가치이자 실천행동이다. 즉 인(仁)-인간애와 인간존중-을 발현하려는 끊임없는 인간중시적 노력이다(송복, 1999; 류승국, 1995; 박종홍, 1960). 위에 소개한 동아시아 나라들의 효·경로효친 활동은 공통적으로 이러한 노력이 진행되고 있음을 알려 준다.

노부모·고령자를 인간존중과 인간애를 발현하며 돌본다는 것은 효·경로효친을 행하는 모든 개인과 가족 그리고 돌봄 단체들의 관리자와 돌봄 요원이 다 같이 지켜야 하는 엄중한 윤리적 규범이다.

노부모·고령자를 돌보는 데는 이러한 규범에 따라 도덕적(道德的) 차원을 반영하여야만 한다. 노부모·고령자는 어른, 선배, 공헌자이기에 앞서 존엄성을 간직한 고귀한 사람들이기 때문이다. 전통적 가치가 흔들리는 새 시대에는 이분들의 존엄성을 받들어 인간중시적으로 돌보아야 할 필요성이 매우 커지고 있다. 즉 돌봄 서비스를 도덕적으로 인간화(人間化)해 나가야 하는 것이다.

사회복지 돌봄은 역사적으로 어려움에 부딪힌 사람들을 인간적으로 보살피는 도덕적 기틀 위에서 시작되고 발전되어 왔다. 고령자를 위한 돌봄은 원초적으로 도덕적인 것이다. 즉 돌보아지는 고령자와 돌보는 사람 사이에 인간을 중시하는 도덕적 행위가 이루어져야 한다. 우리도 우리가 이어받은 인간중시적 가치를 기틀로 하여 노부모·고령자를 위한 이와 같은 도덕적인 돌봄서비스 - 효행 - 를 발전적으로 실행해 나가야 하겠다.

홍익인간(弘益人間)사상, 불교의 자비(慈悲), 유교의 인(仁), 기독교의 박애(博愛) 및 천도교의 인내천(人乃天)은 모두가 사람을 넓고 깊이 공평하게 사랑하고 존중하며 대가 없이 돌보아 구제하는 윤리적이고 도덕적인 가치와 믿음을 오랜 세월에 걸쳐 우리에게 가르쳐 오고 있다. 이런 인간이 마땅히 받들어 지켜야 할 고귀한 가치와 믿음이 우리의 생활과 사회구조 속 깊이 스며들어 우리의 고유한 인간중시적인 문화적 맥락을 이루고 있다.

효·경로효친을 실행하는 가족적 효와 사회적 효는 다 같이 이 전통적인 문화적 맥락에서 실행되어야 하는 것이다. 이런 인간중시적 맥락에서 실행되는 두 가지 효의 기틀이 되는 가치와 관행, 현재의 실행상황 및 앞으로의 바람직한 방향에 대해서 거듭 논의해 나가고자 한다.

3
효의 가치와 실행

1) 부자유친: 효의 시발

사람이 마땅히 지켜야 하는 도리로서 5가지의 원칙-오륜(五倫)-을 들고 있다. 이 윤리적 원칙들에서 기틀이 되는 것이 부자유친(父子有親 부모와 자녀가 마땅히 지켜야 하는 친한 관계)이다(맹자, 등문공 상 4). 어느 시대, 어느 사회에서나 변할 수 없는 부모 자녀 간의 친밀한 관계이다. 깊은 존중과 애정 그리고 측은지심(惻隱之心)으로 차 있는 특수한 관계이다(맹자, 고자장구 상 6).

〈측은지심의 너그러움〉

'측은지심'은 인(仁)을 싹틔우는 방법이다(맹자, 공손추 상 5).

퇴계는 나의 가슴속에 가득한 남을 사랑하고 이롭게 하는 측은(惻隱)한 마음이 막힘없이 두루 퍼지게 함으로써 인(仁)과 일치될 수 있다고 했다(이황, 퇴계집, 서명고정강의 인설).

[주: 퇴계(退溪 李滉)는 우리의 가족생활 윤리에 커다란 영향을 끼친 조선 유학(儒學)의 중심적 인물임.]

측은한 마음으로 남이 배고프면 자신도 배고픔을 느껴 그에게 먹을 것을 주려 하고, 남이 물에 빠지면 뛰어들어 건져 내려 하고, 남의 기쁨을 자신의 기쁨으로 여기며, 남에 대한 사랑과 애처롭게 여김이 가슴에서 저절로 흘러나와 그 보답을 바라지 않는다. 남의 고통과 불행을 차마 그대로 봐 넘기지를 못하는 어진 마음-불인지심(不忍之心)-과 상통하는 마음이다(맹자, 공손추 장구 5).

이러한 덕스러운 마음으로 부모에 대한 효가 이루어지게 되는 것이다.

[주: 측은지심을 흔히 끝없이 베푸는 애정(unlimited affection)이라고 영역함. 논어를 처음 번역한 영국 선교사 J. Legge는 측은지심을 동정심(the feeling of commiseration)이라고 했음.]

〈고귀한 부모 은혜〉

전통적으로 효는 사람이 행해야 할 가장 중요한 과업이며, 모든 착한 행동의 으뜸이고, 올바른 생활의 기본이라고 믿어 왔다(박종홍, 1960; 류승국, 1995; 송복, 1999).

부모는 아래와 같은 이 세상에서 가장 귀한 은혜를 자녀에게 베풀기 때문일 것이다.

* 낳아 주신 은혜(생산의 은혜)
* 길러 주신 은혜(양육의 은혜)

부모는 자녀에게 몸을 남겨 주었을 뿐만 아니라 자녀가 자라나는 오랜 기간에 걸쳐 끝없는 사랑과 관심으로 음식, 의복, 주거, 양호, 교육 등 온갖 유형의 정서적 및 물질적 돌봄을 제공한다. 우리의 부모는 다른 나라의 부모보다도 이런 점에서 뛰어나다.

〈부자자효(父慈子孝)의 원칙〉

퇴계는 부모가 자녀를 돌보는 것은 자녀가 부모를 돌보는 것과 서로 연계되어 있음을 다음과 같이 말했다.

> "부모가 자녀를 사랑하며 돌보는 것을 자(慈)라 이르고, 자녀가 부모를 존중하며 돌보는 것은 효(孝)라고 한다"(이황 퇴계집, 무진육조소).

이어 퇴계는 "자(慈)와 효(孝)"에 대해서 다음과 같이 역설하였다.

> "효(孝)와 자(慈)의 도리는 인간이 본디 가지는 천성(天性 하늘이 주신 성품)에서 나온 것으로서 모든 착함의 으뜸이니, 그 은혜가 지극히 깊고, 지켜야 할 윤리로서 지극히 무거우며, 그 정(情)은 가장 절실하다"(퇴계집, 무진육조소).

위의 말은 부모와 자녀는 깊은 정으로써 책임성 있게 서로 사랑하고 서로 돌보는 이 세상에서 가장 값있는 인간관계를 이룩하고 있음을 강조한 것이다. 다음과 같은 사실을 보아 부모자녀 간의 이러한 특수한 관계를 더욱 깊이 깨달을 수 있다.

부모는 "자녀가 병 없이 살기를 소원한다"(논어, 위정 6).
자녀도 "부모님이 병환 없이 사시기를 염원한다."

이 세상에서 가장 소중한 생명 그 자체를 이렇게 측은지심으로 존중하는 것은 오직 부모만이 자녀에게, 그리고 자녀만이 부모에게 하는 지극한 존중과 사랑의 발현이라고 하지 않을 수 없다. 퇴계를 비롯한 대유인(巨儒)들이 가장 중시하는 가치는 인(仁)이다. 인을 행동으로 옮기는 기초적인 방법이 바로 부모를 존중하고 사랑하는 것이다(맹자, 진심장구 상). 즉 효를 행하는 것이다.

퇴계는 효는 인의 작용이고, 인을 발현하는 중요한 방법이 서(恕)라고 했다. 서는 다른 사람을 자신처럼 사랑하며 존중하는 남을 이롭게 하는 이타적(利他的)인 가치이다(성학십도, 인설).

⟨서(恕): 남을 이롭게 하는 성품⟩

'서'는 유교문화에서 매우 중요시하는 가치이다. 서는 인을 베푸는 방법이다. 자기가 서고자 하면 남을 세워 주고, 자기가 도달하고자 하면 남을 도달하게 함이다(논어, 위영공 23; 퇴계, 성학십도, 인설).

공자에게 자공(공자의 제자)이 "한마디 말로 평생 동안 실행할 만한 것이 있나이까?"라고 물었더니 공자는 다음과 같이 답했다.

"그것은 서(恕)인 것이다. 자기가 원하는 것이 아니면 남에게 베풀지 말아야 하느니라"(논어, 위영공 23).

서로가 원하는 것을 너그럽게 주고받아야 한다는 가르침이다.

돌본다는 것은 사람들 사이에서 이루어지는 일종의 교환관계이다. 이 관계가 원만하고 공평하게 서로의 욕구를 수용해서 이루어지도록 하는 힘 또는 가치가 곧 서(恕)라고 본다. 즉 "내가 원하는 것을 남에게 베푼다", "내가 서고자 하는 데 남을 세운다"와 같이 인간관계에서 지켜져야 하는 상호성과 공평성이 깃든 윤리적 가치인 것이다. 부모자녀 사이에서도 이러한 서의 가치가 적용되어야 함은 말할 것도 없다. 서로 원하는 것, 서로 바람직하다고 보는 것을 이루어 나가는 것이다.

오늘날 새 기술이 나와 산업방식이 달라지고 생활양식이 바뀌고 있다. 이러한 큰 변화 속에서도 변치 않는, 아니 변할 수 없는 사실이 있다. 그것은 곧 위와 같은 부모를 비롯한 사람들에 대한 사랑과 존중을 표상하는 인(仁)의 가치이고, 이 가치를 인간관계에서 측은한 마음으로 공평하게 발현케 하는 정신-측은지심(惻隱之心)과 서(恕)-이다. 효·경로효친은 젊은 사람들과 고령자들 간에 이와 같은 인간중시적 가치와 정신을 기틀로 하여 실행되어야 할 것이다.

[주: 위와 같은 관계를 받들어 온 우리 주변에 충격적인 일들이 일어나고 있음. 노부모·고령자를 푸대접하고 병약한 이분들을 저버리며 학대하는 사건들임. 고령자를 존중치 않는 사례들임. 서양에서는 오래전부터 이런 사례들이 보고되고 있음(Pillemer & Finkelhor, 1988; Levy, 1999; Payne, 2011). 우리나라에서도 이런 보고가 나오기 시작하였음(김미혜, 권금주, 2008; 권중돈, 2017). 노부모·고령자들의 대다수는 일평생 자녀를 돌보고, 기르고, 교육시켰으며, 각자의 능력에 따라 가족, 사회, 국가를 위해 기여한 분들임. 이분들이 노령기에 들어 신체적, 사회적, 경제적 사정이 어려워져 도움이 필요할 때 존중하며 돌보아 드린다는 것은 인간중시적 가치를 받드는 우리의 문화적 맥락에서는 당연하고도 올바른 행동이라고 하지 않을 수 없음.]

2) 부모 '존중' 및 '돌봄': 효의 중심

일찍이 (유교의 시조) 공자는 사람을 예(禮)로써 대접할 것을 역설하였다.

공자는 예를 다음과 같이 설명하였다.

> "사람이 예가 있으면 편안하다……무릇 예라는 것은 자기를 낮추고 남을 높이는 것이다"
> (人有禮則安……夫禮者 自卑而尊人)(예기, 곡례 상).

인간관계에서 남을 존중하라는 가르침이다. 공자는 예를 이루는 데 지켜야 할 기본적 가치로서 인(仁)을 들었다. 인은 부모를 존중하는 데서 비롯된다. 부모 존중이 예의 시발이요, 기본이 되는 것이다. 이 점에 대해서 (공자의 사상을 이은) 맹자는 다음과 같이 말했다.

> "인(仁)의 실제는 어버이를 섬기는 것이다"(仁之實 事親是也)(맹자, 이루장구 상 27).
>
> [주: 섬기다(잘 모시어 받들다)를 '공경' 및 '존중'(높이어 귀중하게 대접함)과 유사한 뜻으로 해석함.]

효를 가장 많이 논구한 증자(曾子)도 역시 효의 중심은 부모 존중임을 다음과 같이 밝혔다.

> "사람의 행실에 있어 효행보다 큰 것은 없다. 효행 중에서도 부모를 존경하는 것보다 더 큰 것은 없다"(人之行 莫大於孝 孝 莫大嚴父)(효경, 성치장).

위와 같이 거유(巨儒 대유인)들은 모두 부모 존중이 효의 핵심이 됨을 분명히 하였다. 사람을 존중한다 함은 다른 사람의 사람됨과 말과 행동을 소중히 여기면서 돌보아 주려는 뜻을 간직하는 것이다. 사람과 사람과의 관계에서 이루어지는 예의 실행이다.
　위의 가르침을 뒷받침하듯이 예기(禮記)에는 아래와 같이 효의 가장 중요한 조건으로서 부모에 대한 존중이 제시되어 있다(大孝 尊親 其次弗辱 其下能養).

　　첫째, 부모를 존중하는 것(尊親)
　　둘째, 부모와 가족을 욕되게 하지 않는 것(弗辱)
　　셋째, 부모의 의식주(衣食住)를 잘 돌보는 것(能養)

　위의 세 가지 효의 필요조건들에서 첫 번째로 무게를 둔 것이 부모에 대한 존중(尊親)이다.
　한 제자가 어떤 방법으로 부모에게 효도하면 좋겠느냐고 질문하자 공자는 다음과 같이 답하였다.

　　"오늘날 효도란 부모를 잘 먹이는 것을 이르거니와 개와 말에게도 먹을 것을 주지 않는가. 부모를 공경하지 않는다면 사람과 짐승 사이에 무슨 차이가 있겠는가"(논어, 위정 7).

　맹자도 비슷한 말을 했다.

　　"먹이기는 하면서도 사랑하지 않는다면 그것은 돼지로 여기고 사귀는 것이며, 사랑하면서도 공경하지 않는다면 그것은 짐승으로 보고 기르는 것이다"(맹자, 진심편 37).

위의 공자와 맹자의 말은 부모를 마음속에서 우러나는 측은지심으로 존중하며 대접해야 함을 가르치는 명언(名言)이다. 퇴계의 가르침에서 부모 존중은 더욱 분명히 밝혀진다. 퇴계는 부모 존중의 중요성을 다음과 같이 강조하였다.

"부모를 섬기며 돌보는 것은 사람이 행할 가장 중요한 과업이며, 모든 착한 행동의 으뜸이고, 사람의 올바른 행동과 생활의 기본이다"(퇴계집, 무진육조소; 류승국, 1995; 박종홍, 1960).

이렇게 부모를 존중하며 돌보는 것을 효(孝)라고 했다. 퇴계는 어진 사람은 어버이 섬기는 것을 하늘을 섬기는 것과 같이 하며 다음과 같은 마음가짐으로 행한다고 했다(퇴계집, 서명고증강의).

"남을 사랑하고 이롭게 하는 따뜻한 마음으로서 사람의 마음속에 담겨 있는 인(仁)이 발하여 사랑하고 존중하는 마음이 되며 이 마음에는 측은지심이 한결같이 통한다"(이황, 성학십도, 인설).

이 가르침은 인간존중과 인간애 그리고 측은지심과 서로 발현되는 인간중시사상을 표명하는 것이다. 위와 같은 퇴계의 가르침에는 부모님을 존중할 책임을 수행해야 한다는 타이름이 담겨 있다고 본다. 사실 부모를 존중하지 않고서는 이분들에 대해서 긍정적인 태도를 가질 수 없고 진심으로 돌보아 드릴 수가 없는 것이다.

다음의 사실을 보아 이 점을 이해할 수 있다.

〈효: '존중'과 '돌봄'의 종합〉

앞서 지적한 효의 가장 중요한 조건 3가지-부모를 존중함(尊親), 부모를 욕되게 하지 않음(弗辱), 부모를 잘 돌봄(能養)- 가운데 능양(能養)이 담고 있는 뜻은 부모에게 좋은 음식, 따뜻한 의복, 안락한 거처를 드려 편히 잘 돌보아 드리는 것이라고 본다. 이와 같이 존중과 돌봄이 효의 가장 중요한 내용으로 지적되어 있다.

현대 윤리학자들도 돌보는 것과 존중하는 것이 겹쳐 있다고 본다. 이들은 존중함은 돌봄을 포함하며, 돌봄은 존중함의 일부(part of respect)라고 규정하고 있다(Downie & Telfer, 1969; Dillon, 1992).

유교경전(儒敎經典)에서는 존중이 돌봄과 중첩되어 있음이 거듭 드러난다. 예기(禮記, 예를 행하는 데 관한 준칙)에는 부모를 존중하는 행동과 부모를 돌보는 행동이 혼합 또는 종합되어 수록되어 있다. 예를 들어 예기(하 내칙 12)에는 다음과 같은 자녀를 타이르는 말이 있다.

> "부모를 돌보아 드리는 데는 그 마음을 즐겁게 해 드리고, 그 뜻에 어긋나지 않도록 하며, 눈과 귀를 즐겁게 해 드리고, 잠자리를 편안하게 해 드리며, 음식은 마음을 다하여 대접해야 한다."
>
> "아침에 일어나면 부모님의 방으로 가야 한다. 방에 이르러서 마음을 가라앉히고 목소리를 부드럽게 하여 입고 계신 옷이 따뜻한지, 아픈 곳은 없는지를 묻고서 아픈 데가 있다고 하면 공손히 이를 억눌러 드려야 한다."
>
> "부모에게 허물이 있을 때는 마음을 잔잔히 하고 부드러운 얼굴빛과 목소리로써 간해야 한다. 이런 간(諫)을 받아들이지 않을 때는 존경하면서 기뻐할 때를 기다렸다가 다시 간한다."
>
> [주: 간(諫)한다 함은 어른에게 충고를 하는 것임.]

위의 가르침은 부모를 돌봄으로써 존중하고 존중함으로써 돌보는 자녀의 효행을 알리는 것이다. 이 가르침은 또한 존중함은 돌봄과 밀접한 관계가 있음을 밝히고 있다. 다시 말해서 돌봄은 존중함으로써 이루어지고, 존중을 하면 돌봄이 따르게 됨을 시사한다. 효는 원래 부모를 존중하며 돌보는 것인데 위와 같이 효를 함으로써 경로(敬老 노인 '존중')와 효친(孝親 노부모 '돌봄')이 함께 이루어질 수 있음이 다시 밝혀진 것이다.

그런데 존중은 돌보는 데 있어 긴요하면서 끈질긴 기능을 한다고 본다. 돌보는 과정에서 돌봄의 어려움, 피로, 소진이 심해짐에 따라 노부모에 대한 애정이 일시적으로 사라질 수 있다. 그러나 존중하는 마음은 끊임없이 지속될 수 있을 것으로 본다.

〈부모의 존엄성을 높임〉

부모님을 존중함은 이분들의 존엄성(尊嚴性)을 받든다는 뜻이 담겨 있다. 사람이 존엄하다 함은 그가 존중되어야 할 타고난 권리가 있음을 말한다. 모든 사람은 연령, 성별, 종교, 사회적 계층에 상관없이 존중될 권리를 간직하고 있는 것이다. 이러한 존엄성을 간직한 노부모·고령자를 업신여기거나, 푸대접하거나, 귀찮은 존재로 보면 아니 된다.

사람을 인간중시적으로 돌보기 위해서는 돌봄서비스에 관한 지식과 기술만을 가지고는 부족하며, 마음속에서 우러나는 인간적인 정으로써 그분의 존엄성을 받들어야 한다(최상진, 김기범, 2011). 이 때문에 사람 돌봄에서 최우선시하는 가치로서 '존엄성 높임'을 들고 있다(한국사회복지학회, 2015; Goldstein, 1998; Levy, 1982). 다음 공자의 말은 부모 돌봄은 곧 부모의 존엄성을 받드는 것임을 지적한 것으로 본다.

"천지(天地)의 기(氣)를 받아 생겨나는 것들 중에서 인간만큼 귀한 존재는 없다. 이 귀한 인간의 행위 중에서 효행보다 더 큰 것은 없다. 효행 중에서 부모를 존중하는 것보다 큰 것은 없다"(효경, 성치장).

퇴계도 역시 부모 존중 및 돌봄을 앞세우고(事親), 이어 형제와 우애롭게 사귐(事兄弟)과 공동체성원들 돌봄(事公)을 이루고, 이 모든 것을 서(恕)의 원칙에 따라 공평하게 실행해야 된다고 가르쳤다(성학십도, 인설).

이 경우 공평성은 "자신과 가까운 사람이나 먼 사람이나, 친한 사람이나 모르는 사람이나, 은혜를 입은 사람이나 아니 입은 사람이나, 모든 사람을 (서의 가치를 따라) 공평무사하게 존중함을 뜻한다(도성달, 2012: 123; 송복, 1999: 174).

이와 같이 존엄성 원칙은 부모를 비롯한 모든 사람들에게 공평하게 적용되어야 하는 윤리적 규범이다. 이 윤리적 규범은 사회복지 돌봄서비스, 의료서비스, 이웃 봉사, 가족 돌봄에서 반드시 지켜져야 하는 엄중한 윤리적 가치이다(한국사회복지사협회윤리강령, 2012; NASW Code of Ethics, 2012; 일본사회복지사회윤리강령, 2006).

이 윤리적 가치는 침윤성(스며드는 성질)이 강하여 돌보는 사람의 마음과 행동에 스며들어 이들의 돌봄서비스의 방향과 실천방법을 선정토록 이끄는 지렛대 역할을 한다(Myrdal, 1958; 이순민, 2016).

퇴계는 효의 실현방법으로서 위와 같은 가치를 가르쳤는데, 이러한 도덕적인 가치는 사회가 변동해도 쉽게 변하지 않는다. 이런 가치를 바탕으로 하여 노부모·고령자를 위한 복지제도 및 정책이 수립되고, 나아가 돌봄서비스가 개발, 전달되어야 함이 마땅한 것이다.

제2장과 제3장에서 위와 같은 효행에 관한 기본적 가치를 사회적 효와 가족적 효 실행에 적용, 발현하는 데 대한 논의를 하고자 한다.

[주: 미국의 최다 독자 수를 가진 신문 New York Times가 행한 사회조사에서 다수 미국 부모들이 자녀에게 가르쳐 주고자 하는 가치는 근면이나 애국심이 아니라 나이 많은 분들을 존중하는 것(respect for the aged)임을 무려 응답자들의 91퍼센트가 지적하였음(1996.9.22.). 개인주의적 가치를 숭앙하는 미국 사회에서 이러한 노인 존중을 중시하는 부모들이 많다는 사실은 인상 깊은 일임.]

〈존엄성을 해치는 경우〉

사람의 수명이 길어지며 영아 출생률이 낮아지고 있다. 이러한 인구학적 변동이 계속됨으로써 노부모·고령자를 위한 돌봄은 소수 젊은 사람들의 책임으로 되어 가고 있다. 앞으로 노부모·고령자 돌봄의 부담이 커지면 이렇게 소수가 되는 젊은이의 돌봄 능력이 감소되고 고령자를 존중하는 관습마저도 쇠퇴될지도 모른다.

앞서 지적한 바와 같이 어떤 성인 자녀들은 부모 돌봄에 대한 의무감이 약화되고, 고령자를 푸대접하고, 병약한 고령자를 저버리고, 이분들의 어려움에 무관심하다. 서양 나라들에서는 이미 오래전부터 고령자에 대한 이러한 부정적 태도가 보도되고 있으며 우리나라에서도 비슷한 보도가 나오기 시작했다(권중돈, 2019; 김미혜, 권금주, 2008; 한동희, 2002; Tomita, 1994; Pillemer & Finkelhor, 1988; Levy, 1982).

문명된 사회에서는 어김없이 고령자를 존중해야 하며 결코 소외, 격리, 차별, 학대하는 일이 있을 수 없다. 저명한 역사학자 A. Toynbee 경은 나라의 문명된 정도는 그 나라에서 노인이 대접받는 것을 보면 알 수 있다고 했다.

[주: 유명한 역사학자 Arnold Toynbee경은 1973년 런던에서 그를 예방한 한국 정치가들에게 다음과 같은 인상깊은 말을 했음. "한국의 노인을 존경하고 가족을 중시하는 효는 이 세상에서 가장 훌륭한 가치이다. 이 가치가 유럽에 널리 퍼지도록 해 주오. 나는 적극 지원하겠다. 만약 이 지구가 파괴되어 우리가 다른 천체로 옮겨 가게 된다면 효는 우리와 함께 옮겨져야 할 최선의 가치가 될 것이다."(Business Korea, January 23, 2014)]

하지만 사람들의 변덕스러운 태도에 따라 고령자는 비인도적인 대접을 받을 수 있다. 인류 역사를 살펴보면 옛날 어느 때에는 부담스러운 노부모·고령자에 대해 극히 불경스럽고 비인도적인 학대를 한 것 같다.

고려시대에 있었다는 고려장(高麗葬 고려시대 장사)은 산에 굴을 파고 늙은 부모를 그 굴에 넣고 먹을 것을 넣어 주고서는 굴의 입구를 막아 버렸다는 것이다. 일본에서 옛날에 행해진 오바스테(姨捨 늙은 어미 버림)는 늙은 부모를 산꼭대기에 업고 가서 그곳에 버렸다고 한다. 그리고 고대 중국의 기로국(棄老國 노인을 버

린 나라)에서는 노인을 허허벌판에 데리고 가서 그곳에 버렸다고
한다. 서양의 경우는 더 흉측하게 노부모를 학대했다는 이야기들
이 있다. 즉 박테리어족은 노인을 개가 뜯어 먹게 했고, 살디니족
은 노인을 높은 언덕에서 아래로 떨어뜨렸다고 한다(Cox, 1990).
오늘날 문명된 사회에서는 결코 이러한 미개하고 비인도적인 고
령자 학대를 용납할 수 없다.

이러한 전설을 들을 때 고령자 돌봄서비스를 인간화, 즉 보다
더 인간중시적으로 개선, 실행해야 할 필요성을 절감하게 된다. 우
리는 모름지기 인간존엄의 가치에 부합되는 노부모·고령자 돌봄
을 정서적 및 수단적으로 실행해야만 한다.

[주: 고령자를 위한 돌봄을 향상하기 위한 노력이 진행되고 있음. 이 과정에서
수단적인 면을 강조하는 경향이 드러나고 있음. 즉 고령자를 위한 할인, 교통편
제공, 식사배달, 노령수당 등 수단적 돌봄서비스를 확장하고 있음. 하지만 정서
적인 면-존중, 애정, 친밀, 동정, 관심, 걱정, 위안 등-에 대해서는 대단한 관심
을 두지 않는 경향임. 이런 정서적인 면은 눈에 보이지 않으나 우리의 가슴속
에서 메아리치며 우리의 인간중시적 가치를 발현하는 것임. 더욱이 이 가치는
노부모·고령자의 생의 질을 높이기 위한 돌봄서비스를 기획, 실천하는 데 커
다란 영향을 끼칠 수 있음. 따라서 아래와 같은 돌봄의 수단적 방법과 더불어
정서적 방법도 그 중요성을 함께 강조해야 함. 노부모·고령자의 삶은 생리적
작용과 함께 가치와 믿음, 사람들과의 정적 관계, 애정과 존중에 대한 기대로
차 있음. 이 때문에 이분들의 정서적 차원에 대한 신중한 배려가 필요함.]

정서적 돌봄과 수단적 돌봄의 보기로서 다음을 들 수 있다.

〈정서적 돌봄〉

마음을 편하게 함, 존경함, 관심을 가져 드림, 사랑함, 뜻을 따라

드림, 걱정을 덜어 드림, 안심을 시킴, 딱하게 여김, 동정을 함, 정답게 대화를 함, 친밀한 관계를 가짐, 마음으로 도와줌, 말동무가 되어 드림, 권위를 인정해 드림, 소원을 성취해 드림, 늙으심을 딱하게 여김, 생활에 만족하도록 함, 고독감을 해소해 드림 등.

〈수단적 돌봄〉

용돈을 마련해 드림, 식사 시중을 해 드림, 건강을 유지토록 도와드림, 병간호를 해 드림, 가사를 도와드림, 책, 신문을 읽어 드림, 여가활동을 지원해 드림, 음식 구입을 도와드림, 의료비를 지불해 드림, 교통편을 제공해 드림, 주택 유지를 지원해 드림, 물건 구입을 도와드림, 약 복용을 도와드림, 옷 갈아입기를 도움, 세수, 목욕을 도와드림, 대소변을 도와드림, 외출 시 동반해 드림, 취미활동을 지원해 드림, 취업을 도와드림, 원하는 공부를 하도록 도와드림, 생활환경을 안전하게 해 드림 등.

3) 법에 따른 경로효친의 실행

나라의 법에 따라 범사회적으로 권장, 실행되고 있는 '경로효친'-사회적 효-은(앞서 논한 바와 같이) '존중'과 '돌봄' 두 가지가 서로 밀접히 연계된 뜻을 담고 있다. 즉 경로(敬老 노인을 '존중함')와 효친(孝親 부모님을 '돌보아 드림')이 겹쳐 있는 것이다. 따라서 사회적 효로서의 경로효친은 가족적 효의 원칙-부모님을 '존중함'과 '돌보아 드림'-과 같은 뜻을 담고 있다.

가족, 사회, 국가를 위해 기여한 고령자에 대한 경로효친을 실행할 나라의 의도를 '노인복지법(법률 제3453호, 1981년 제정)'(참조: 부록 I)과 '경로헌장(1982년 국무회의 의결)'을 통해서 공포하였다. 이로써 대사회와 시민의 경로효친을 실행할 의무, 책임이 공식적으로 선명된 것이다.

이 법에 따라 개인과 가족은 경로효친의 미풍양속을 보존하며, 건전한 가족제도가 유지, 발전되도록 노력하고, 지방자치단체 지원하의 사회복지단체(시설) 등 고령자를 돌보는 사회단체들은 노인복지가 증진되도록 노력할 의무가 있음이 공식화되었다.

즉, 다음과 같은 의무가 수행되어야 한다. 노인은 존경받으며 건전하고 안정된 생활을 보장받고, 능력에 따라 적당한 일에 종사하며, 사회적 활동에 참여할 기회를 보장받는다. 정부와 국민은 경로행사를 거행하여 경로사상 및 관행을 실현하여야 한다. 노인복지법에 이어 공포된 '효행장려법(법률 제15190호, 2017년 제정)'(참조: 부록 II)은 아동 때부터 효 교육을 실시하고, 사회복지시설 등 공공시설에서 노부모 돌봄 및 지원을 하며, '효의 날'을 제정하여 효행을 장려, 실행할 것을 지령하였다. 노인복지법과 효행장려법 그리고 경로헌장의 주요 내용에 대해서 제2장 '사회적 효'에서 해설한다.

〈경로효친을 실행하는 사회적 효〉

위와 같은 법이 규정한 바에 따라 대사회가 실행하는 경로효친, 즉 사회적 효는 노부모·고령자를 기정된 법과 규정에 따라 타율적으로 돌보게 되는 것이다.

[주: 타율적 돌봄은 마음에서 우러나는 존중과 애정으로 자율적으로 행하는
가족적 효와 대조될 수 있음.]

경로효친의 핵심은 가족적 효의 경우와 같이 노부모와 고령자
를 존중하며 돌보는 이타적 정신이다. 사회적 효도 이러한 정신을
기틀로 이룩되어야 하며 아울러 홍익인간에서 발원한 우리의 전
통적 인간중시적 가치를 받들며 실행되어야 할 것이다.

위와 같은 법에 따른 지방자치단체의 지원으로 사회복지조직(시
설)들과 공익단체들은 다음과 같은 사회적 돌봄 활동을 실행한다.

노부모를 돌볼 능력이 없는 가족에 대한 지원, 스스로 돌볼 능
력이 없고 무의무탁한 고령자를 위한 돌봄, 아울러 고령자를 위한
일자리 개발, 소득증진, 경로행사 거행, 모범가정 포상, 교육기회
제공, 노인복지서비스 개발 등의 사회적 효 활동이다. 한편 사회보
장제도는 사회적 효를 뒷받침하고 있다. 이 제도는 사회보험, 공적
부조 및 사회수당으로 나누어진다. 이 제도에 대해서 제2장 '사회
적 효'에서 해설하고자 한다.

<u>4</u>

새 시대 효의 실행

새 시대의 효·경로효친은 다 같이 앞서 제시한 효의 기본적 뜻
과 나라의 법에 따라 실행되어야 할 것이다. 다시 말해서 노부
모·고령자에 대한 존중과 돌봄을 측은지심과 서의 마음으로 가
족 안과 밖에서 실행해야 하는 것이다.

일반적으로 가족중심으로 행하는 효는 인간중시적인 돌봄을 면
대면으로 제공하는 데 강하고, 대사회가 행하는 효는 전문적인 기
술적 돌봄을 다수에게 제공하는 데 강하다고 보고 있다. 이러한
유용성(장점)을 가진 두 가지의 효를 종합하여 포괄적 노부모·고
령자 돌봄체제를 갖추어 공동 목표 효·경로효친을 이룩해 나가
야 한다고 본다. 새 시대에는 사실 가족적 효와 사회적 효를 종합
내지 협치할 필요성이 커지고 있다.

〈새 세대의 기대〉

노부모·고령자를 돌보는 의무를 가족과 사회가 공동으로 수행
해야만 한다는 성인 자녀의 수가 늘고 있다(통계청사회조사,

2017). 즉 노부모·고령자 돌봄에 대한 나라와 공동사회의 의무를 확대하려는 젊은 세대의 바람이다. 젊은 사람들 가운데는 노부모·고령자를 돌볼 의지가 약하거나 없는 이들이 있다. 한편 돌볼 의무자가 없거나 돌봄을 받을 수 없는 고령자 수가 늘고 있다(보건사회연구원, 전경희 외, 2012). 이런 현상을 반영하듯 사회적 돌봄서비스를 받기를 원하는 고령자 수는 해마다 늘어나고 있다(권중돈, 2017). 이 자료는 젊은 세대의 바람과 욕구를 나타낼 뿐만 아니라 노부모·고령자가 사회적 효를 필요로 하고 있음을 시사하고 있다.

〈두 가지 효의 개요〉

다시 말해서 가족적 효는 가족중심으로 친밀한 유대관계를 가진 가족원들이 인간중시적 가치를 발현하여 자율적으로 실행하며, 사회적 효는 경로효친을 공동사회의 사회복지조직(시설)들과 공익단체들이 지식·기술·시설, 전문인력을 갖추어 노인복지법 등 법이 규정하는 바에 따라 (대개의 경우) 타율적으로 실행한다.

이와 같이 두 가지의 효가 다 같이 올바르고 마땅하다고 보는 전통적인 가치-효·경로효친-를 실현하기 위해 노부모·고령자를 존중하며 돌보는 기능을 수행하게 된다. 이렇게 함으로써 서로 돌보는 강한 고령자복지체제를 이룩할 수 있다고 본다.

이 책의 제2장과 제3장에서 이런 기능을 수행하는 사회적 효와 가족적 효의 장점 내지 유용성을 살펴보고 제4장에서 이 두 가지 효의 돌봄 기능을 상호 보완하여 인간중시적으로 실행하는 데 관해서 논의하고자 한다.

먼저 두 가지 효의 일반적인 속성을 간략하게 살펴본다.

1) 가족적 효

〈부모자녀중심〉

가족적 효는 가족원들을 비롯한 친척, 가까운 친구와 이웃이 노부모를 존중하며 돌보는 것이다. 가족중심으로 서로 의존하면서 서로 돌보는 친한 유대관계를 가지는 소집단이 자율적으로 이룩하는 효행이다. 이들이 제공하는 애정, 존중, 관심, 위안, 동정, 가사 돌보기, 급식, 세탁, 요양, 보호, 통신수단, 교통편 등 정서적 및 수단적 돌봄은 노부모의 일상적 삶을 유지하는 데 긴요하다. 이들은 대가를 바라지 않고 노부모의 안녕을 위해 자진해서 돌본다. 가족중심으로 효·경로효친이 자율적으로 이루어지는 것이다.

이들은 또한 다음과 같은 돌봄을 한다.

예측할 수 없이 우발적인 문제가 일어날 때 이에 즉시 대응해서 돌본다. 즉 가족, 친척, 친구 및 이웃은 노부모가 돌발적인 문제-재해, 급환, 사고-를 당할 때 제일 먼저 개입해서 응급적 돌봄을 해 준다. 이와 같이 노부모의 우발적인 잡다한 문제들을 일상생활에서 해소해 나간다.

예로 심장마비를 일으킨 고령자의 경우를 들 수 있다. 이런 급환은 우발적이어서 예측할 수 없다. 갑작스럽게 일어나는 이런 병환을 앓는 노부모를 가족은 위와 같이 발생 초기에 자율적으로 돌볼 수 있다. 이런 돌봄은 사회적 효를 행하는 시설, 즉 병원의 의사, 간호사, 마취사 등이 미처 하지 못하는 일이다.

위와 같은 우발적 문제는 그때그때의 사람 대 사람의 개별적인 접촉으로 다룰 수 있다. 이런 문제는 사회적 효를 행하는 조직(시설)의 돌봄요원보다도 면대면으로 돌보는 가족중심의 효행자가 더 잘할 수 있다.

하지만 가족적 효의 제한점은 전문적 인력, 기술, 장비, 시설을 갖추어 많은 고령자들에게 기술중심적 돌봄을 하지 못하는 것이다. 이러한 제한점이 있지만 가족적 효는 사회적 효를 하는 데 절실히 필요하다. 즉 노인복지관, 노인요양원, 보건의료시설, 사회복지재단 등 사회적 효를 행하는 사회복지조직(시설)과 공익단체는 가족의 참여가 없이는 운영이 불가능하다.

위와 같은 사실을 고려하여 가족적 효는 다음과 같은 성질의 돌봄을 행하는 특성을 간직한다고 볼 수 있다.

* 인간중시적인 돌봄
* 자율적인 돌봄
* 개별화된 돌봄
* 우발적 문제에 대한 돌봄

노부모·고령자는 사회적 효 활동이 증대하였음에도 불구하고 여전히 가족적 효를 선호하고 있다(이승호, 신유미, 2018). 사실 우리 문화에서는 고령자가 가족이 제공하는 정(情)에 찬 인간중시적인 돌봄을 소원하며 이를 즐기고 있는 것이다. 이런 가족 돌봄을 선호하는 성향은 가족을 현대사회가 자아내는 고독과 소외를 해소하는 안식처로 삼기 때문인 것으로도 볼 수 있다. 게다가 고령자의 대다수(91%)가 어려울 때 제일 먼저 찾는 곳이 가족이며(성규탁, 2016), 이분들의 다만 10%만이 노인돌봄시설에 입소하겠다는 의사를 가지고 있다(권중돈, 2019). 이런 사실을 보아서도 고령자의 가족에 대한 애착과 정, 그리고 가족적 돌봄을 선호함을 알 수 있다.

가족적 효는 가족을 중심으로 서로 의존하며 서로 돌보는 친척, 친구, 이웃, 상조그룹 등이 자율적으로 제공하는 소위 비공식적 또는 사적 돌봄이며, 이런 돌봄을 가능케 하는 힘은 퇴계를 비롯한 대유인들이 중요시한 부모에 대한 존중, 애정, 측은지심 및 서의 가치를 바탕으로 행해지는 효라고 볼 수 있다.

위와 같은 가족적 효는 우리 겨레가 오랜 세월에 걸쳐 실행해 온 문화적 관행이다(송복, 1999; 신용하, 2004). 가족중심 집단의 이러한 효행은 오늘날 나라의 사회복지체계의 없어서는 아니 될 귀중한 자산이 되고 있다. 사회적 효 활동이 확대되고 있지만, 가족적 효는 노부모를 위한 기초적 돌봄을 사회적 효보다 더 많이 제공하고 있는 실정이다.

현대국가는 이렇게 많은 기여를 하는 가족에 대한 기대가 커서 나라의 고령자 돌봄에 대한 책임을 과도하게 가족에게 떠맡긴다는 비판을 받는다.

〈가족적 효의 중심: 부모자녀 관계〉

앞서 논한 바와 같이 가족적 효의 기틀은 부모자녀 관계이다. 이 관계는 부자유친(父子有親, 부모자녀 간에 당연히 있어야 할 친밀한 관계)으로 표현된다. 어느 시대, 어느 사회에서나 변할 수 없는 부모자녀 간의 친한 관계이다. 이러한 관계 속에서 효(孝, 자녀가 부모를 받들어 돌봄)와 자(慈, 부모가 자녀를 사랑으로 돌봄)의 부모자녀 간 서로 돌보는 서(恕)의 원칙에 따른 호혜적(互惠的) 관계가 이루어지는 것이다. 자녀와 부모가 서로가 필요로 하는 돌봄을 서로에게 해 주는 것이다.

이러한 호혜적으로 이루어지는 가족적 효에는 한국인 특유의 정(情)이 스며들어 있다. 정은 친밀감을 가지게 하고, 따스하고, 계산하지 아니하고, 보답을 요구하지 아니하는 호의적 심리이다(임태섭, 1994: 24). 더욱이 정은 서로 돌보아 주려는 의지를 담고 있다. 정을 주는 사이에서는 상대방이 겪는 어려움을 걱정하면서 돌보아 주려는 성향이 짙다(이수원, 1984: 104). 더욱이 존중, 애정, 측은지심 및 서를 두루 담고 있어 인간중시적 고령자 돌봄 관계를 이루는 데 필수적인 요소가 된다(윤태림, 1970).

이렇게 정으로 행하는 가족적 효는 전문적인 기술적 돌봄을 제공하는 데는 한계가 있으나 인간중시적 돌봄을 하는 데는 강하다. 공교롭게도 물질적 생활풍조가 심해질수록 이러한 정으로 행하는 가족적 효가 더 중요시되고 더 선호되는 경향이다. 앞서 지적한바 가족을 고독과 소외를 해소하는 안식처로 삼으며 매우 소수 고령자만이 노인돌봄시설에 입소하겠다는 의사를 가짐을 보아 이러한 가족적 효를 선호하는 성향을 이해할 수 있다.

제3장에서 가족적 효에 관한 심층적 논의를 한다.

2) 사회적 효

〈공동사회 주도〉

사회적 효도 가족적 효와 같이 노부모·고령자를 위한 존중과 돌봄을 행한다. 앞서 지적한 나라의 법이 지령, 권장하는 바에 따라 사회적 효로서 '경로효친'을 실행한다. 그런데 이를 실행하는 실행자와 장소(세팅)가 가족적 효와 다르다. 가족 바깥의 사회복지시설과 공익단체를 세팅으로 하여 행해지며 전문직 기술과 지식, 장비와 시설을 갖춘 가족이 아닌 돌봄 제공자가 행한다. 각종 생물학적 질환 및 사회심리적 문제를 가진 고령자가 필요로 하는 돌봄이다.

즉 노인복지법 등 법과 사회보장제도를 기틀로 하여 공인된 사회복지단체(시설)들과 비영리 공익단체들이 기정된 규정과 준칙에 따라 대개의 경우 타율적으로 실행된다. 이런 점에서 가족을 중심으로 전통적인 관행에 따라 마음에서 우러나는 정으로써 자율적으로 행하는 가족적 효와 대조된다.

이런 사회적 효가 행해지는 상당수의 단체(시설)들에서는 고령의 돌봄 대상자에 대한 인간적 정이 희박한 경우가 흔히 엿보이며, 돌봄 과정에서 이분들과 비인간화된 관계를 가지는 경우도 흔히 발생한다. 정보다는 물질적인 금전을 가지고 돌봄 요원의 작업 동기화를 하며 돌봄사업의 합리화와 경제적인 효율성을 중시하기 때문인 것으로 본다.

이렇기 때문에 사회적 효를 행하는 돌봄 요원들은 고령자와의 정으로 찬 감정적 유대관계가 약한 경향이며 인간중시적 가치를 발현하지 못하는 제한점을 가지는 경우가 흔히 드러난다. 하지만 개인과 집단이 자원해서 행하는 사회봉사(자원봉사, 사회공헌활동 등)와 같은 사회적 효의 경우는 일반적으로 이러한 제한점이 드러나지 않는 것으로 본다.

[주: 사회봉사(자원봉사와 공익사업)에 관해서 제2장에서 논의함.]

위와 같은 제한점을 갖지만 사회적 효는 아래와 같은 돌봄을 수행하는 데 능숙하며 강하다.

* 기술중심적 돌봄
* 다수를 위한 돌봄
* 타율적인 돌봄
* 효율적인 돌봄

사회적 효-경로효친-는 사회보장제도를 보완하는 기능을 수행한다. 예로 퇴계가 돌보아 줄 것을 호소한 환과독고(鰥寡獨孤, 늙어서 아내 없는 자, 늙어서 남편 없는 자, 늙어서 자식 없이 혼자 사는 자)(퇴계집, 서명고증강의)의 사회보장을 위한 사회적 돌봄서비스-사회적 효-가 각종 사회복지단체(시설)와 공익단체를 세팅으로 하여 각 지역사회에서 행해지고 있다.

현재로서는 사회적 효를 생활기능이 낮거나 없는 저소득 고령자에게 우선적으로 행하고 있다. 수혜자격 결격, 빈곤선 미달, 재원 부족 등의 이유로 혜택을 받지 못하는 고령자가 많다. 그래서 앞서 지적한 바와 같이 젊은 세대는 나라의 고령자사회복지 기능을 확장, 증대해서 보다 더 널리 사회적 돌봄을 개인과 가족에게 제공해야 한다고 요구하고 있다.

제2장에서 사회적 효에 관한 심층적 논의를 한다.

<u>5</u>

공동의 목표

〈공동적 돌봄〉

선진 복지국가들에서는 국가의 사회보장제도가 고령자를 비롯한 장애인, 어린이 등 생활이 어려운 사람들을 돌보는 능력의 한계를 드러내 가족이 자체 성원들을 스스로 돌볼 기능을 더 높이 수행해 줄 것을 요구하고 있다. 이 국가들은 사회보장제도만으로는 국민의 늘어나는 복지 욕구를 충족하기 어려워져 "가족 하나하나가 자체 성원들을 최대한으로 도와 나감으로써 재정적으로 어려워진 국가를 도와야 한다"고 호소하고 있는 것이다.

영국의 사회보장제도를 꾸민 A. Beveridge 경은 다음과 같이 '국가 대 개인' 역할에 대해 말했다(The Beveridge Report, 1942).

"국가가 개인의 생활비를 충당해 줄 수 있다. 그러나 시민도 국가가 맡고 있는 이러한 책임에 버금가는 노력을 해서 자신의 수입을 올릴 책임이 있다."

이 말은 개개 시민의 복리를 국가만이 다 이룩할 수 없으며, 개인과 국가가 힘을 합쳐 공동으로 이룩해 나가야 한다는 요지의 타이름 내지 충고라고 볼 수 있다. 즉 국가가 개인과 가족을 지원할 책임을 수행하되 개인과 가족도 자체를 돌볼 책임을 수행해야 함을 지적한 말이라고 본다.

일본의 민법(日本民法 Ⅳ 친족상속법)에도 이와 비슷한 국가 대 가족의 노부모 돌봄에 대한 책임과 관련된 조항이 들어 있다. 즉 가족이 노부모를 돌볼 수 없는 경우에는 국가의 공적 생활보호를 요청할 수 있다. 하지만, 친족부양우선원칙(親族扶養優先原則)에 따라 친족이 자체 돌봄을 다하고 난 후에 신청할 수 있다고 규정해 놓았다. 이 규정은 노부모 돌봄을 국가에 요청할 수 있으나 이를 신청하기 전에 가족(친족)이 노부모를 돌보는 모든 노력을 다한 후에 신청할 수 있다는 것이다. 즉 가족의 노부모 돌봄에 대한 책임을 국가의 개입에 앞세우고 있다.

우리가 명심해야 할 사실은 노부모·고령자를 위한 사회복지체계를 운영하는 데 있어 대사회가 사회적 효를 실행할 책임을 져야 함은 물론이지만, 가족중심 돌봄 집단도 가족적 효를 행할 책임을 져야 한다는 것이다. 바꾸어 말하면 대사회와 가족은 서로 돌보는 상호 교환관계를 이루면서 공동적 고령자 돌봄 능력을 최대한으로 발휘할 책임이 있다는 것이다.

〈상호 보완〉

아래와 같은 대조적인 속성을 지닌 두 가지 효가 공동 목표인 효·경로효친을 어떠한 형식과 방향으로 함께 실행해야 하는가에 대한 식별작업이 필요하다.

* 시민이 사적으로 하는 돌봄 대 사회가 공적으로 하는 돌봄
* 인간중시적 돌봄 대 기술중심적 돌봄
* 소수를 위한 개별적인 돌봄 대 다수를 위한 균일화된 돌봄
* 우발적인 문제에 대한 돌봄 대 일상적인 문제에 대한 돌봄
* 고령자의 욕구와 필요에 맞게 하는 돌봄 대 돌봄서비스 제공
  자의 욕구와 필요에 따라 하는 돌봄
* 마음에서 우러나는 정과 측은지심으로 하는 자율적인 돌봄 대
  해야 하기 때문에 정이 없이 정해진 법과 규정에 따라 타율적
  으로 하는 돌봄
* 가족 세팅에서 하는 돌봄 대 사회시설 세팅에서 하는 돌봄 등

위와 같은 구별을 해서 노부모·고령자의 욕구와 필요에 따라 선별적으로 돌봄을 실행할 필요가 있다. 아울러 우리가 인식해야 할 점은 두 가지 효는 대조적인 속성을 지니지만, 다 같이 노부모·고령자에 대한 효·경로효친을 실행하여 이분들의 삶의 질과 복지를 향상할 공동의 책임을 수행해야 한다는 사실이다.

따라서 서로를 연계하여 각자의 유용성(장점)을 조화, 종합하여 효·경로효친을 포괄적으로 실행할 필요성이 매우 크다(한경혜, 1998; 성규탁, 2020).

이와 같이 두 가지 효를 종합하면 가족의 돌봄 역할을 보완, 촉진할 수 있고, 아울러 사회적 효도 보완, 촉진될 수 있다고 본다. 따라서 두 가지의 노부모·고령자 돌봄의 방향을 잡아야 할 것으로 본다. 다시 말해서 하나는 가족적 효를 보완, 증진하는 것이고, 다른 하나는 사회적 효를 개발, 촉진하는 것이다. 그럼으로써 가족

자체의 노력과 대사회의 노력을 종합하여 포괄적인 노부모·고령자 돌봄-효·경로효친-을 발전적으로 실행해 나가는 것이다.

새 시대에 이와 같이 두 가지 효를 연계할 필요성이 매우 커지고 있다. 이러한 연계방법과 맥을 같이하는 방식으로서 사회복지학의 대가 E. Litwak(1985)(미국 콜롬비아대학 석좌교수)는 가족 자체의 돌봄과 가족 외부의 사회적 돌봄을 결합할 필요가 있음을 주장하였다. 그는 가족이 제공하는 돌봄을 외부 체계가 제공하는 사회복지 돌봄으로 보완 내지 강화하는 방법을 제창한 것이다. 그는 이런 가족 안팎에서 제공하는 돌봄을 상호 보완적으로 활용함으로써 가족의 연대성을 약화하거나 가족의 돌봄 역할을 빼앗지 않는 동시에 국가에 과중한 재정 부담을 부가하지 않으면서 고령자를 포함한 의존적인 가족원들을 돌볼 책임을 마땅하게 수행토록 할 수 있다는 것이다.

이렇게 두 가지 돌봄을 통합하는 방법은 가족적 효와 사회적 효를 연계하여 포괄적인 노부모·고령자 돌봄을 위한 사회복지공동체를 이룩하려는 우리에게 참고가 될 수 있는 접근이라고 본다. 제4장에서 두 가지 효의 연계, 종합에 관해서 논의한다.

새 시대의 사회적 효

나라가 부유하고 민주화될수록 고령자 돌봄에 대한 책임을 국가와 사회가 더 많이 지게 된다. 국민연금과 사회보장과 같은 제도를 갖추고 사회복지 돌봄서비스를 제공하면서 전통적으로 가족이 해 온 고령자 돌봄의 상당 부분을 대신하게 되는 것이다.

하지만 사회적 효는 가족의 자체 돌봄 기능-효행 기능-을 빼앗거나 훼손하지 않고 이를 보완, 강화하는 방향으로 실행되어야만 한다.

1

사회적 효의 실행

1) 공통적 효의 기본

사회적 효는 가족적 효의 경우와 같이 부모·고령자를 존중하며 돌보는 기본적인 효를 실행한다. 하지만 효행을 하는 사람과 장소가 다르다. 가족적 효는 가족원들이 중심이 되어 가족(가정)을 주된 돌봄 장소(세팅)로 하여 행하고, 사회적 효는 사회복지시설과 공익단체를 주된 돌봄 장소로 해서 전문적 지식과 기술을 갖춘 돌봄 요원들이 실행한다.

앞 장에서 지적한 바와 같이 효의 기본은 부모를 '존중하며(敬)' '돌보는(孝)' 것이며, 경로효친도 역시 고령자를 존중하고(敬老) 부모를 돌보는(孝親) 것이다. 즉 효와 경로효친은 다 같이 노부모·고령자에 대한 존중(敬)과 돌봄(孝)을 실행한다.

위와 같이 두 가지의 효는 실행자와 실행 장소가 대조적이지만 실행되는 효의 기본적인 뜻과 행동에는 차이가 없는 것이다. 즉, 사회복지단체들과 공익단체들이 실행하는 사회적 효도 가족적 효와 같이 존중 및 애정을 측은지심과 서의 가치로써 인간중시적인 문화적 맥락에서 실행되어야 하는 것이다.

2) 경로효친의 촉진

다음 절에 제시하는 '노인복지법(법률 제3453호 1981년 공포)'(참조: 부록 Ⅰ)과 '경로헌장(1982년 공포)'이 지령, 권장하는 경로효친(敬老孝親)의 문화적 가치가 범국가적으로 받들어져 실행되고 있다. 지방자치단체(시, 도, 군)는 대사회의 사회복지단체(시설)들과 공익단체들로 하여금 경로효친을 실행토록 지원, 촉진하고 있다. 사회적 효를 실행토록 하는 것이다.

위에서 논한 바와 같이 경로효친의 핵심은 (효와 공통적으로) 부모와 고령자를 존중하며 돌보는 정신이다. 이 정신으로 나의 부모를 섬김으로써 남의 부모를 섬기는 데로 미치는 이타적 돌봄을 행하는 것이다. 사회적 효는 이러한 정신을 기틀로 이룩되어야 하며 아울러 전통적 인간중시적 가치를 받들며 실행되어야 할 것이다.

[주: 사회적 효는 대개의 경우 법과 규정에 따라 노부모·고령자를 타율적으로 돌보게 됨. 이러한 돌봄은 마음에서 우러나는 존중과 애정으로 자율적으로 행하는 가족적 효와 대조됨. 하지만 돌봄서비스의 유형에 따라 자율적으로 행하는 사회적 효도 있음. 이런 효의 보기로서 자원봉사와 사회공헌과 같은 사회봉사를 들 수 있음. 사회봉사에 관해서 다음 절에서 논의함.]

경로효친을 지령한 노인복지법이 제정되고 나서 효행 장려 및 지원에 관한 '효행장려법(법령 제15190호, 2017년)'이 공포되었다(참조: 부록 Ⅱ). 이 법은 지방자치단체는 사회복지시설 등 공공시설에서 아동 때부터 효 교육을 하고, 노부모 돌봄 및 지원을 하며, '효의 날'을 제정하여 효행을 장려, 실행할 것을 지령한다.

위와 같은 법에 따라 지방자치단체 지원하에 사회복지조직(시설)들과 공익단체들이 다음과 같은 경로효친 사업들을 실행하고 있다.

    첫째, 경로효친의 윤리를 창달하며 가족제도를 발전케 하는 것.
        이를 위해 경로효친 이념 보급, 경로주간 행사, 모범가정
        포상 등을 실행함.
    둘째, 노인 돌봄에 대한 책임을 제1차적으로 가족이 져야 하나,
        돌봄 능력이 없는 가족의 노인, 무의무탁한 노인, 오지의
        노인은 사회보장을 위한 돌봄서비스를 받도록 함.
    셋째, 노인의 소득보장을 위한 연금제도의 지속적 발전과 일자
        리 개발 등 각종 소득증진 사업을 개발해 나감.
    넷째, 노인복지서비스를 개발, 확충함.
    다섯째, 노인의 생의 질 향상과 자기 계발을 위한 교육기회를
        확장함.

    이러한 경로효친사업의 한 가지로서 지난 반세기 동안 효행상
제도(보건복지부 담당)를 운영하며 전국에서 특출하게 효행을 한
개인, 집단, 단체 및 지역사회에 매년 효행상을 포상해 나오고
있다.

2
나라의 법으로 지령된 사회적 효

사회적 효-경로효친-를 실행할 책임과 역할을 규정하는 위와 같은 법이 제정, 공포되었다. 이 법이 지령, 권장하는 경로효친의 구체적 실행에 대해서 살펴보고자 한다. '노인복지법(법률 제3453호)'(참조: 부록 Ⅰ)을 통하여 경로효친(敬老孝親)의 가치를 발현, 실천하는 나라의 의지가 공식적으로 밝혀졌다. 이 법의 주된 내용은 다음과 같다.

제2조:

(1) 노인은 후손의 양육과 국가 및 사회의 발전에 기여하여 온 자로서 존경받으며 건전하고 안정된 생활을 보장받는다.

(2) 노인은 그 능력에 따라 적당한 일에 종사하고 사회적 활동에 참여할 기회를 보장받는다.

(3) 노인은 노령에 따르는 심신의 변화를 자각하여 심신의 건강을 유지하고, 그의 지식과 경험을 활용하여 사회발전에 기여하도록 노력하여야 한다.

제3조:

국가와 국민은 경로효친의 미풍양속에 따른 건전한 가족제도가 유지, 발전되도록 노력해야 한다.

제4조:

국가와 지방자치단체는 노인의 보건 및 복지를 증진할 책임이 있으며 이를 위한 시책을 강구하여 촉진하여야 한다. 이어 노인의 일상생활에 관련되는 사업을 경영하는 자는 노인의 보건복지가 증진되도록 노력하여야 한다.

제28조:

보건복지부장관, 서울특별시장, 직할시장, 도지사, 시장, 군수를 복지실시기관의 주체로 정하고, 이 복지기관이 노인을 위한 상담, 지도를 하고, 가정 내에서 생활이 어려운 노인에 대한 복지조치를 하고 필요에 따라 이를 위한 비용을 부담해아 한다.

제34조와 제36조에는 이 장에서 논의하는 경로당, 노인요양원 및 노인복지관에 관한 법규가 제시되어 있다.

> [주: '지방자치단체'라 함은 시, 도, 군의 지방정부를 말하고, '사업을 경영하는 자'는 지방정부 지원으로 경로효친을 실행하는 사회복지관, 노인복지관, 재가 복지센터, 경로당, 요양원, 병원, 어린이집, 상담소, 자원봉사센터 등 각종 사 회복지단체(시설)를 말함.]

위의 법규에 다음과 같은 준칙이 덧붙여진다.

* 국가와 국민은 정해진 어버이날과 경로주간에 경로행사를 거행하여 경로하는 사상과 관행을 실현할 것.
* 노인복지를 위한 책임을 국가와 지방정부가 지되 노인복지사

업을 담당하는 자와 국민은 다 같이 노인복지증진과 경로사상 함양에 힘쓸 것.

* 국가와 지방자치단체는 노인에게 적당한 직종을 개발, 보급하고, 노인에게 적합한 주거를 개발하고, 노인을 위한 교양강좌, 오락, 기타 복지증진을 위한 사업을 실시하고, 경로당, 노인교실, 기타 노인을 위한 사업을 지원할 것.
* 65세 이상 노인을 위한 대통령령에 의한 국공립병원, 보건소, 또는 의료지정기관을 통해서 노인성질환에 대한 검정 등 건강검진을 실시하고, 이 결과에 따라 적절한 지도와 조치를 취할 것.
* 65세 이상 노인에 대한 교통, 목욕 및 이발 요금과 공공시설 입장료를 할인할 것.
* 노인(건강하거나 건강치 못한)을 위한 단기 및 장기 양로시설을 설립, 운용할 것.

이러한 법을 제정함에 잇따라 정부는 아래와 같은 경로헌장(敬老憲章)을 국무회의 의결을 거쳐 공포하였다(1982년). 이 헌장이 담고 있는 중심적 가치는 역시 경로효친이다.

[경로헌장]

노인은 나라의 어른이다.
우리를 낳아 기르고 문화를 창조 계승하며 국가와 사회를 수호하고 발전시키는 데 공헌하여 왔으니 국민의 존경을 받으며 노후를 안락하게 지내야 할 분들이다.
우리는 고유의 가족제도 아래 경로효친(敬老孝親)과 인보상조(隣保

相助)의 미풍양속을 가진 국민으로서 이를 발전시켜 노인을 경애하고 봉양하여 노후를 즐길 수 있도록 노인복지 증진에 정성을 다하여야 한다.

노인은 심신의 변화를 깨닫고 자신의 위치와 할 일을 찾아서 후손의 번영과 국가의 발전을 위하여 여생을 보내는 슬기를 보여야 한다.

우리는 아래와 같은 사항을 구현하기 위하여 다 함께 노력한다.

1) 노인은 가정에서 전통의 미덕을 살려 자손의 극진한 봉양을 받아야 하며 지역사회와 국가는 이를 적극 도와야 한다.
2) 노인은 의식주에 있어서 충족되고 안락한 생활을 즐길 수 있어야 한다.
3) 노인은 심신의 안정과 건강을 누릴 수 있어야 한다.
4) 노인은 자신의 능력에 따라 사회활동에 참여할 수 있어야 한다.
5) 노인은 취미오락을 비롯한 문화생활과 노후생활에 필요한 지식을 얻는 기회를 가져야 한다.

위와 같이 가족, 사회, 국가를 위해서 기여한 고령자를 존중하여 경로효친을 행하고 이분들을 위해 합당한 돌봄을 제공해야 함을 법으로 규정하고, 이러한 나라의 의도를 위의 경로헌장을 통해서 대사회에 널리 공포하였다. 이로써 경로효친을 실행해야 할 대사회와 개개 시민의 의무와 역할이 공식적으로 밝혀진 것이다.

이와 비슷한 법과 헌장이 싱가포르, 중국, 대만, 일본 등 동아시아 나라들에서도 공포되었다. 이러한 법적 조치는 효·경로효친을 권장, 실행하는 동아시아 나라들의 유교문화적 특성을 나타낸다고 본다.

3

시민이 자원해서 행하는 사회적 효

사회적 효는 위와 같이 법과 제도를 바탕으로 다수 사회단체들이 범사회적으로 행하지만, 공익(公益)을 위한 특정한 (사회적) 목적에 따라 시민이 자원해서 대규모 또는 소규모로, 장기적 또는 단기적으로 행하는 경우도 있다. 즉 시민이 자신의 시간, 재능, 노력 및 재력을 자원해서 염출하여 가족 바깥에서 고령자를 포함한 사회적 약자를 돌보는 것이다. 이러한 돌봄의 대표적인 것이 개인, 집단 및 공익단체가 행하는 '사회봉사'-자원봉사와 공익활동-이다 (김형용, 2013; 양성원, 2020).

개인, 집단 및 공익단체가 간직하는 가치와 종교적 믿음으로 자발적이며 대가 없이 행하는 사회적 돌봄, 즉 사회적 효이다.

이런 돌봄의 예로써 고령자를 위한 노력봉사(청소, 세탁, 급식지원, 연탄운반, 환경정리, 직업재활 등), 직접봉사(산책동반, 책/신문 읽어주기, 목욕도움, 나들이지원, 용돈제공 등), 재능봉사(교육, 의료, 간호, 요양, 주간보호, 학대방지, 이미용봉사, 도배, 수리 등)를 들 수 있다. 아울러 급환, 재난, 사고 등을 당한 고령자, 독거노인 및 부양자 없는 고령자를 돌보아 준다. 퇴계가 호소한 환과독고(鰥寡獨孤 늙어서 아내 없는 자, 늙어서 남편 없는 자, 늙어서 자식 없이 혼자 사는 자)를 위한 위와 같은 봉사활동이 이루어진다. 즉 법의 지령으로 하는 것이 아니라 내 마음에서 우러나는 이타적 정신으로 자원해서 대가 없이 행하는 사회적 효이다.

다양한 사회적 배경을 가진 개인들과 집단들(대개가 공익단체에 속함)이 이러한 사회봉사활동을 전국에서 정기적으로 또는 수시로 행하고 있다. 나라가 부유해지고 국민의 사회복지에 대한 관심이 높아짐에 따라 이런 활동이 많아지고 있다. 국내에서뿐만 아니라 세계 여러 나라들에 뻗어 나가 국제봉사활동을 전개하고 있다. 이 모든 봉사활동은 우리가 받드는 인간중시적인 보편적 가치-존중·애정·측은지심·서-를 발현함으로써 이루어질 수 있다. 보다 넓은 사회를 위한 사회적 효가 실행되는 것이다.

〈공(公)사상〉

위와 같이 돌봄이 넓은 사회에 미치는 것을 공(公)을 이룬다고 한다. 가족에서 뻗어나 공동사회 사람들의 복리를 추구하는 이타적 사회봉사이다. 즉 가족의 역을 넘고 사회적 계층을 초월하여 공(公)으로 널리 돌봄이 미치는 것이다.

퇴계는 효를 확장하여 이와 같이 공을 이룰 것을 역설하였다(퇴계집, 인설). 공은 타인에게 은혜를 베푸는 데 의무감을 느끼는 마음속의 자질이며 조건 없이 측은지심과 서를 발현하는 인도주의적 덕행이다(김낙진, 2004: 142). 사회적 효가 갖추어야 할 요건이다.

[주: 공(公)의 뜻을 한문사전에는 '공평하다', '사심 없이 나누다', '함께 하다'라고 하고, Wikipedia사전에는 'public(公)'을 'acting for the community as a whole(공동사회 전체를 위해서 행동함)', 'being in the service of a community(공동사회에 봉사함)', 'devoted to the welfare of the community (공동사회복지에 기여함)'; 'the people constituting a community(공동체 를 구성하는 사람들)'이라고 하였음.]

〈사회적 효: 공의 실행〉

퇴계는 공(公)을 인(仁)을 체득하는 방법이라 하여 다음과 같이 중요시하였다(퇴계집, 차자 인설).

"인의 마음은 따뜻하게 남을 사랑하고 모든 것을 이롭게 하는 마음이며, 사덕(四德: 孝悌忠信)을 포괄하고 사단(四端: 仁義禮智)을 관통하는 사심 없이 이타적인 측은한 마음이다"(성학십도, 인설).

[주: 사덕(四德)[孝悌忠信](맹자, 양혜왕 장구상 5)-인간이 마땅히 해야 할 4가지의 너그러운 행동: 1) 부모에게 효도함(孝); 2) 형제간에 우의를 지킴(悌); 3) 나라에 충성함(忠); 4) 사람들에게 믿음 있게 행동함(信).
사단(四端)[仁義禮智](맹자, 공손추 장구상 6)-인간의 본디 갖추어 있는 4가지의 마음가짐: 1) 惻隱之心(남의 어려움을 보고 측은하게 여기는 마음)-인(仁)의 실마리가 됨; 2) 羞惡之心(남의 잘못된 것을 보고 부끄러워하고 미워하는 마음)-의(義)의 실마리가 됨; 3) 辭讓之心(남에게 양보하고 사양하는 마음)-예(禮)의 실마리가 됨; 4) 是非之心(옳고 그른 것을 가리는 마음)-지(智)의 실마리가 됨.]

공은 위와 같은 올바르고 너그럽게 사람을 사랑하고 존중하는 마음과 행동으로 사람들의 복리를 추구하는 위민(爲民)활동을 뜻한다(도성달, 2012: 107).

가난하고 소외된 사람들과 고통에 신음하는 사람들의 고난과 아픔을 자신의 고난이요, 아픔으로 여기며, 이들을 사랑, 존중, 측은지심, 서로써 인간중시적인 사회적 돌봄-공-을 지향하는 것이 퇴계의 이상이라고 볼 수 있다.

퇴계의 이러한 공사상은 공자의 살신적(殺身的) 사랑과 상통한다. 공자는 나의 생명을 바쳐서라도 공익(公益)을 추구하는 인(仁)에 대해 다음과 같이 말했다.

> "인자(인을 실행하는 사람)는 삶을 구하여 인을 해치는 일이 없고, 몸을 죽여 인을 이루는 일은 있느니라"(논어, 위영공 8).

다른 사람을 사랑하기를 나를 바쳐서 해야 한다는 가르침이다. 공-사회적 돌봄-을 강조한 점은 퇴계의 가르침의 기틀을 이루었다. 나-이웃-공동체를 이루는 '우리'는 조화로운 도덕적 관계를 유지하며 서로 돌보아야 한다는 가르침이며, 이런 관계의 중심이 효였다. 퇴계는 다음 말로써 공의 중요성을 강조하였다.

> "공(公)은 하늘이 나린 도리(天理)를 따르며 사람의 욕심(人慾)을 나타내는 사(私)와 반대되니 이 차이에 대해서 조심해야 한다"(퇴계집, 서명고정강의).

위와 같이 공은 사사로운 사(私 자기)를 극복하여 다른 사람을 사랑하며 나누어 가짐으로써 널리 베풀어 만민을 구제하는 윤리임을 밝혔다(퇴계집, 차자 인설). 이런 윤리를 따라 나의 부모를 미루어 다른 사람의 부모를 섬기고, 나의 자녀를 미루어 다른 사람의 자녀를 사랑함으로써 인을 실현하는 노력이 나의 가족으로부터 이웃공동체, 대사회, 천하의 뭇사람 돌봄(爲公)으로 확장되어야 하는 것이다(맹자, 양혜왕 상 4).

[주: 유교에서는 '우리'를 '나'와 같은 뜻으로 보며 '우리'는 '천하'로까지 확대됨.]

퇴계는 그의 사상을 집성한 '성학십도'에서 공(公)을 거듭 창도하였다. 다음 말은 그의 공사상을 더욱 구체적으로 알린다.

"백성은 나의 동포요 …… 나이 많은 이를 높이는 것은 천지의 어른을 어른으로 대접하는 것이다"(성학십도, 서명).
"천하의 파리하고 병든 사람, 고아와 자식 없는 노인, 홀아비와 과부는 모두 내 형제 가운데 어려움을 당하여 호소할 데 없는 자이다"(성학십도, 서명).

어려운 사람들-사회적 약자-은 나와 함께 공동체를 이루는 형제로서, 이들을 이타적 정신으로 돌보아야 함. 즉 공을 실행해야 함을 호소한 것이다. 퇴계의 공에 대한 사상은 아래와 같은 말에 깊이 담겨 있다.

"사심(私心)을 깨뜨리고 무아(無我)의 공도(公道)를 크게 열어 남과 나 사이에 틈이 없고, 털끝만 한 사심도 그 사이에 끼어들지 못하게 해 준다. 그리하여 …… 우리에게 천지가 한집안이고 온 나라가 한 몸이 되어, 가렵거나 아프거나 서로가 다 내 몸에 절실하게 느끼어 마침내 인도(仁道)를 터득하게 해 준다(퇴계집, 132).

하지만 공을 이루는 사람들은 친소(親疎, 가깝고 먼 인간관계)에 따라 정이 다르고 귀천(貴賤, 사회적 계층의 차이)에 따른 등급이 다르다. 그러나 퇴계는 나만을 위한 사사로움에 얽매이지 않으며 부모를 친히 모시는 후한 마음으로 사심 없이 공을 이루는 사람들과 나누어 가짐으로써 친근하고 따뜻한 관계를 이룸이 올바른 길이라고 했다(성학십도, 서명).

이러한 맥락에서 '나'는 여러 사람들로 이루어진 '우리' 속의 존재로서 우리와 관계를 맺으면서 생존하며, '나'는 우리(공)와 분리할 수 없는 유기적 존재라고 본다(도성달, 2013). 미국 윤리학자 J. Rawls(1971: 21-22)는 '우리'를 위한 공동선(共同善)은 사회적으로 가장 가난한 사람들의 복지와 연계되어 있다고 했다. 그는 사람들은 각자 여러 사람들- '우리'-과 함께 자유를 누릴 동등한 권리를 가지며, 사회적 및 경제적 불평등을 조정하여 가장 불리한 처지에 놓여 있는 계층에게 혜택이 주어지도록 해야 한다고 주장한다. 그러나 Rawls는 사회적 약자를 돌보는 데 인간의 정(情)-존중, 애정, 측은지심, 서-을 발현할 의무를 내세우지 못하였다. 이와 대조적으로 퇴계는 부모를 위시한 친족(형제, 부부, 친척 등)에 이어 모든 사람들(公)- '우리'-을 위와 같은 정으로써 인간중시적으로 대할 것을 강조하였다.

〈넓어지는 사회적 돌봄〉

퇴계는 가정에서 부모자녀와 형제자매가 서로 돌보는 도리를 독실하게 하여 집안을 화목하게 하고, 나의 어버이를 높여 남의 어버이도 높이고, 나의 어린이를 돌보아 남의 어린이를 돌보는 데 이르는 뜻을 따라 "천하가 한집안이 되며 나라 안이 다 같은 한 사람이 되는 것이니, 이웃과 나라와 세계가 공(公)을 이루어야 함"

을 가르쳤다(성학십도, 서명, 인설; 금장태, 2001: 94).

퇴계는 그의 저서 '성학십도'에서 인간과 천지의 일체화(一體化 한 몸이 됨)를 받아들이고 있다. 모든 인간은 나에게 동포가 되고, 만물은 나의 가족이 되는 물아일체(物我一體 모든 물건과 내가 한 몸을 이룸)와 우주일가(宇宙一家 온 세상이 한 가정을 이룸)가 이루어져야 함을 역설한 것이다(성학십도, 서명; 금장태, 2001: 187-188; 정순목, 1990: 256). 서로 돌보는 친족에서 서로 돌보는 커다란 공동체로 확장되는 공의 이념을 밝혀 주었다. 사회적 효의 이념적 확장이라고 본다.

[주: 퇴계가 다음에 논하는 '향약(鄕約)'을 통해서 밝힌 공사상은 유학이 추구하는 이상세계, 즉 만민의 신분적 평등을 이루는 대동세계(大同世界)를 지향하는 기풍이 충만함(유병용, 신관영, 김현철, 2002: 46-48; 성균관대학교 유학과, 2000: 166-167; 성규탁, 2017).]

퇴계는 위와 같이 효를 확장하여 사회적 돌봄-공-을 이룸으로써 인을 발현할 것을 역설하였다(김낙진, 2004: 142). 사회적 효가 갖추어야 할 요건을 제시한 것이다.

〈향약과 공의 실현〉

퇴계의 공(公)사상을 실천으로 옮긴 대표적 업적이 향약(鄕約)이다. 퇴계가 입조한 향약(禮安鄕約)은 환난상휼(患難相恤 어려움을 당하여 서로 돌봄)을 하는 공을 위한 돌봄의 약정이다. 향약은 향촌주민이 자주적으로 협동해서 사회적 효를 실행한 역사적 사례다. 사회적 계급을 초월하여 공평한 재정적 및 사회적 돌봄을 제공해서 향촌공동체의 기초적 욕구를 충족한 것이다(금장태, 2001: 94). 당시 조선의 향촌은 사족(士族), 품관(品官), 향리(鄕吏) 및 하인(下人)의 계급적인 신분집단들로 나누어져 있었는데, 퇴계는 이들을 신분계급에서 벗어난 향인(鄕人)으로 통합하여 연령순으로 자리를 정하는 개혁적인 결정을 하였다.

신분을 넘어선 향촌교화를 위한 공동체를 추구한 퇴계의 의도는 세계를 하나의 가족으로 삼는 데 이르고자 하는 그의 공(公) 이념을 실현한 것으로 본다(금장태, 2001: 98). 향약은 조선사회의 선악(善惡)의식을 조정하는 정신적 강령이 되었고(나병균, 1985), 향민이 협동하여 자치적으로 실행하는 사회적 돌봄의 본보기가 되었다. 관(정부)주도로 일시적으로 운용된 구빈사업이 고작이었던 조선시대에 위와 같은 지역자치적으로 포괄적인 사회적 돌봄서비스를 제공하였음은 인상적이다(유병용, 신광영, 김현철, 2002). 향약의 구체적 내용에 대해서 제4장에서 논의한다.

〈계(契)〉

계도 넓은 의미의 사회적 돌봄 범주에 속한다고 본다.

이웃과 지역사회 성원들의 친목 및 공제(상호 지원)를 위한 자발적으로 이루어진 자치적인 소(小)집단 또는 그룹의 서로 돌보는 활동이다. 부모의 회갑연을 위한 계, 혼례와 장례를 위한 계, 자녀의 장학을 위한 계, 사교를 위한 계, 농기구를 마련하기 위한 계, 공동사업을 위한 계 등 계원들의 여러 가지 형태의 필요를 충족하기 위해 운용된다. 계원들이 물질적 자원을 모아 나가면서 각 계원이 필요할 때 이를 사용토록 하는 약정하에 조직된 모임이다. 즉 약원들이 힘을 모아 개개 약원을 도와주는 사회적 돌봄이다.

19세기에 우리나라에 왔던 가톨릭의 달레 신부(Rev. C. C. Dallet)(불란서인)는 조선인의 계를 서로 돌보는 인간애 정신을 발현한 것으로 보고 자기 나라 불란서에서 보지 못한 너그러운 행동이라고 높이 칭찬하여 다음과 같은 기록을 남겼다(Dallet, 정기수(역), 1966: 227).

"조선인의 커다란 미덕은 사람 사랑 원칙을 존중하여 이를 나날이 실행하는 것이다. 이웃이 서로 보호하고 서로 의지하며 서로 부조하기 위해 긴밀히 결합된 집단을 이루고 있음을 보았다. 이러한 동포감정은 혈연을 중심으로 한 관계와 조합의 한계를 넘어 넓은 사회로 확대되어 갔다. 서로 돌보고 타인을 사랑으로 후대함은 이 나라 국민의 특징이다. 솔직히 말해서 이런 특성은 현대문명의 이기주의에 물든 우리 불란서 국민보다 조선인을 훨씬 더 앞서게 한다."

Dallet 신부는 자기 나라 불란서의 이기주의에 물든 사람들보다 조선 사람들이 다른 사람을 사랑으로 돌보는 데 더 앞서 있다고 높이 평가한 것이다. 오늘날에도 우리나라 부락사회의 생활풍습을 살펴보면, 여러 가지 방식으로 위와 같은 서로 돌보는 사회적 돌봄 방법이 실용되고 있음을 알 수 있다. 한집안 식구만으로는 감당하기 어려운 일은 마을사람들이 힘을 모아 거들어서 치른다. 각자의 형편에 따라 노동력 또는 재력으로 어려운 사람들을 서로 돌본다. 이런 자주적, 자치적으로 행하는 사회적 돌봄은 남을 존중하고 사랑하며 돌보는 공을 실현하는 것이다. 비법률적이고 비제도적인 민간의 자치적이고 자원적인 사회적 돌봄이다.

〈사회적 돌봄을 위한 공익(公益)활동〉

우리나라에서 역사적으로 (국가제도권 밖의) 민간이 자발적으로 어렵고 딱하고 불상한 사람들을 도와주려고 사회적 돌봄(공)을 실행한 사례로서 여러 가지를 들 수 있다.

위에 제시한 퇴계의 향약과 아울러 효를 바탕으로 하는 민본사상을 정치질서의 이상으로 삼아 빈민구제를 창도한 정약용의 '목민심서(牧民心書)'에 담겨 있는 접근도 대표적인 사례로 들 수 있다.

이 밖에도 자주 인용되는 민속적인 서로 돌봄 활동의 유형으로서 위에 논한 '계(소집단을 이루는 성원들이 돈, 물질, 노력을 공평하게 염출하여 성원들이 필요할 때 일정한 액/양을 제공하여 도와주는 자조모임)'와 아울러 '부조(경조사에 돈, 물건, 노력으로 도와주는 것)', '의연(나의 재물을 내서 남을 돕는 것)', '두레(마을의 대소사와 어려운 이웃을 돕는 것)', '품앗이(상호 부조를 하되 반대급부로서 협동, 부조 및 돌봄을 하는 것)'를 들 수 있다.

계, 부조, 의연, 두레, 품앗이는 지금도 우리나라 방방곡곡에서 실행되고 있는 사회적 서로 돌봄 활동이다. 오늘날 이런 민간의 돌봄 활동은 규모가 크고 조직적으로 진행되는 '나눔 활동'으로 발전, 확장되어 기부, 자선, 사회공헌 등 국가제도권 밖의 시민이 자원해서 행하는 사회적 돌봄 활동으로 범사회적으로 진행되고 있다. 이 모두가 사회적 돌봄-사회적 효-의 범주에 속한다고 본다.

〈확장되는 위공(爲公)활동〉

민간의 위공활동은 증가되는 추세이다. 기부 금액과 기부자 수는 현저히 증가하고 있다. 사회공헌으로 행하는 기부는 괄목할 만한 증가 추세를 보이고 있다(전경련, 사회공헌백서, 2016). 다수 기업체들이 참여하고 있다. 기업의 사회공헌은 기업 자체의 인식 개선을 위한 목적도 있겠지만, 사회적 약자를 돌보려는 인도주의적 위공활동인 사회적 돌봄임이 분명하다. 개인이 하는 기부는 늘어나고 있다. 특히 한국인의 문화적 특성인 가족중심의 비공식적 기부-경조사 부조, 이웃 및 지역공동체를 위한 기부는 생활수준이 향상됨에 따라 높은 수준에 달하고 있다(김형용, 2013).

이러한 우리 사회의 발전적인 사회적 돌봄활동은 지속적으로 확장되는 사회복지공동모금회의 실적을 보면 알 수 있다. 법정 모금기관인 이 위공단체는 우리 사회 각계각층의 개인 및 집단이 내는 기부금을 모아 전국 지역사회의 공인된 단체들 및 집단들의 다양한 사회복지 돌봄활동-사회적 효-을 위해 배분해 주는 국내 최대 모금조직이다.

비영리공익재단도 급속히 성장하고 있다. 아산사회복지재단, 삼성공익재단, LG복지재단을 필두로 전국 각 지역/도시에서 활동하는 4,500여 개의 대소 재단들이 그러하다.

종교단체들의 기부활동도 다대하여, 돌봄이 필요한 국내와 국외의 어린이, 고령자, 장애인, 미혼모, 다문화가족, 그리고 이북(북조선)을 포함한 발전도상국들의 사회적 약자를 위해서 사회적 돌봄활동을 해 나가고 있다. 돈과 물질이 아닌 노력으로 하는 자원봉사활동도 지역별, 직업별, 단체별로 전국에서 발전적으로 실행되고 있다.

아울러 논할 것은 한국의 국제지원활동이 여러 나라에서 진행되고 있는 사실이다. 한국의 정부와 민간이 다년간 규모가 큰 국제적 돌봄활동을 아프리카, 남미, 중동, 동남아시아, 북한 등의 발전도상국들에서 실시해 오고 있다. 정부가 지원하는 한국국제협력단(KOICA)을 비롯한 지원단체들, 기독교의 선명회 등 민간 공익재단들이 발전도상국들에서 행하는 돌봄활동은 국제적으로 호평을 받는 한국의 국제복지활동이다. 이 모든 활동은 퇴계가 창도한 효를 애정-존중-측은지심-서로 실행되는 것이며, 사해(四海)동포를 위한 공(公)을 위한 활동으로 늘어난 것이다.

[주: 세계기부지수(世界寄附指數)를 보면 한국인의 전반적인 돌봄활동이 국제적으로도 높은 수준에 달하고 있음(World Giving Index, 2017). 세계 140개 국들 중 한국은 '자원봉사'에서 18등, '기부'에서 35등, '낯선 사람 돌봄'에서 46등을 차지함.]

이러한 바람직한 현상은 한국인이 국내외에서 사회적 돌봄활동을 발전적으로 실행하고 있음을 예증하고 있다. 세대 간 및 계층 간의 한계를 넘고 국경을 초월해서 사회적 돌봄이 확장되고 있는 것이다. 이런 활동은 앞서 제시한 퇴계가 가르친바 나보다 어렵고, 딱하고, 불쌍한 사람들을 돌보아 주려는 인간중시적 마음과 행동-공-을 드러내고 있으며, 나아가 한국인의 문화적 저력(底力)이 되는 효의 가치를 기틀로 하는 사회적 돌봄을 과시하는 것이다.

〈사회적 효에 대한 효행상 수여〉

위와 같이 넓게 실행되는 사회적 효에 대한 참고자료로서 다음 사실을 보태고자 한다. 효를 모범적으로 행한 사람들에게 효행상을 수여하고 있다. 대표적인 효행상으로서 정부(보건복지부)의 포상제도가 수여하는 것이 있고, 민간의 삼성복지재단과 아산재단의 포상제도가 수여하는 것이 있다. 이 밖에 각종 사회단체와 지역공동체가 수여하는 효행상이 있다.

이 모든 효행상의 공통적인 특징은 가족중심으로 노부모에게 효행을 한 자녀와 친족에게 수여하는 것이었다. 하지만 지난 30년간의 효행상 수상자들의 기록을 보면, 가족중심으로 효행을 해서 효행상을 받은 수상자들의 수는 줄어들고 사회적 효를 행하여 이상을 받은 자들의 수는 늘고 있다. 즉 수상자의 가족·친족이 아닌 가족 바깥의 이웃과 사회의 어려운 고령자를 돌본 사람들-사회적 효행자들-이 수상한 사례들이 현저히 늘어나고 있다.

오늘에는 대표적인 효행상제도의 경우, 대략 30~40%가 되는 수상자들이 각종 사회적 효행을 해서 수상을 하게 된 것이다. 특히 삼성복지재단이 초·중·고등학생들에게 수여하는 효행상의 경우는 대다수의 수상자들이 사회적 효를 행하였기 때문에 수상하고 있다.

이러한 동향은 사회적 효의 시대적 필요성, 공익에 대한 사회적 관심의 증대, 자원봉사활동의 발전 및 확장에 잇따라 발생하는 것으로 볼 수 있다.

4

사회적 효를 뒷받침하는 사회보장제도

사회적 노부모 돌봄-사회적 효-의 제도적 바탕이 되는 사회보장
제도는 다음의 세 가지로 나눌 수 있다.

(1) 사회보험
(2) 공적부조
(3) 사회수당

(1) '사회보험'은 국민연금, 건강보험, 고용보험, 산재보험 및 노
인장기요양보험을 포함한다. 이 보험에 의무적으로 가입한 정규직
장에서 근무하는 근로자 등은 각자의 재정 능력에 따라 일정액을
납부하되 고용주도 일정액을 함께 부담해 주는 제도이다. 특정한
기간이 지나거나 특정한 자격을 취득하면 혜택을 받을 수 있으나
임의로 받을 수는 없다.

(2) '공적부조'로서 중앙 및 지방 정부가 세금을 재원으로 생활
기능이 없는 고령자(65세 이상), 아동, 장애인의 기초생활을 보장
하기 위해 생계, 의료 및 주거비 지원과 재해구호, 다문화가족 지
원 등을 위한 급여를 확인 절차(수혜자격 심사)를 거쳐 사회복지

단체(시설)를 통해서 제공한다.

(3) '사회수당'은 조세를 재원으로 일정액의 현금이나 돌봄서비스를 노인, 아동, 장애인 등을 돌보는 저소득 가정에 돌봄 부담을 덜어 주기 위해 지방자치단체가 확인 절차를 거쳐 제공한다.

이와 같은 사회보장제도는 발전도상에 있어 아직은 사회안전망을 충분하게 갖추어 주지 못하고 있다. 이 책에서 논의하는 사회적 효의 주 대상자는 모든 노부모·고령자이다. 하지만 위의 사회보장제도의 사회적 부조와 사회수당을 받는 기초생활수급자를 포함한 생활이 어려운 고령자, 그리고 가족의 돌봄을 받을 수 없거나 스스로 돌볼 수 없는 노부모·고령자가 우선적으로 사회적 효를 필요로 하는 분들로 보고 논의를 해 나가고자 한다.

5

넓어지는 사회적 효

위에서 논한 바와 같이 법으로 지정된 사회적 효가 다양한 돌봄 서비스 세팅들에서 나라의 눈부신 경제성장에 힘입어 개발, 제공되고 있다.

우리는 일생 동안 가족 바깥에서 봉사하는 여러 사회단체들이 제공하는 다양한 사회적 돌봄서비스를 받고 있다. 병원에서 출생하여 의료 돌봄을 받아 나가고, 보육원에서 보호 양육되고, 학교에서 교육되고, 교회나 법정에서 결혼하고, 법률기관을 통해서 인권과 재산을 보호받고, 문화 및 예술단체로부터 위안과 기쁨을 얻고, 노후에 요양원에서 요양 보호되고, 자원봉사·공익단체와 사회복지시설로부터 여러 가지 돌봄서비스를 받는다.

이와 같은 다양한 돌봄서비스를 제공하는 사회복지단체(시설)들과 공익단체들의 돌봄서비스 요원들이 곧 사회적 효를 실행하는 일꾼들이다.

가족 및 사회적 문제와 정신적 및 신체적 질환을 가진 고령자가 많아짐에 따라 이러한 조직들의 돌봄 요원의 고령자를 위한 사회적 돌봄-상담, 치유, 교정, 요양, 재활, 구호, 생활지원 등-이 제공되고 있다. 신체적, 정신적 및 사회적 문제에 대해 심리적, 의료적,

사회적 및 사회환경적 조정방법을 적용하여 개인, 가족 또는 집단에게 제공되는 긴요한 사회적 돌봄이다.

구체적으로 노부모·고령자의 소외문제, 고독문제, 건강문제, 역할상실, 용돈문제 등을 해소하기 위한 돌봄서비스로서 일자리개발, 직업알선, 역할부여, 노인단체 활성화, 복지사업, 상담서비스, 경로우대 등과 같은 여러 가지 돌봄사업들이 개발, 운영되고 있다.

이러한 사회적 효활동을 노인요양원, 노인병원, 보건소, 치매요양원, 상담소, 노인복지관, 재가복지센터, 노인일자리마련센터, 자원봉사센터 등이 현대적 기술, 기구, 장비, 시설, 통신 교통수단 및 전문 인력을 갖추어 실행하고 있다. 이 고령자 돌봄서비스 세팅으로서의 시설들과 단체들을 다음과 같이 구별해 볼 수 있다.

* 노인주거복지시설(양로 및 주거)
* 노인의료복지시설(요양)
* 노인여가복지시설(복지관, 경로당, 휴양소)
* 재가노인시설(가정봉사, 주간보호)
* 노인보호기관(학대예방)
* 공익단체(생활지원, 가정봉사, 사회봉사)

위와 같은 가족 바깥의 돌봄 제공자들이 제공하는 사회적 효행이 없이는 가족적 효를 바람직하게 받지 못하는 노부모·고령자의 생의 질을 높여 복지를 유지, 증진하기가 어렵다.

덧붙일 사실은 사회적 효 활동이 확장되고는 있지만, 앞서 지적한 바와 같이 다수 노부모·고령자들은 인간적인 정으로 행해지는 가족적 효를 더 선호하고 있다(이승호, 신유미, 2018). 이 사실은 이분들이 가족이 존중과 애정으로 제공하는 인간중시적 돌봄을 소원하고 있음을 시사한다.

하지만 사회적 돌봄을 원하는 고령자의 수는 해마다 늘고 있다. 이런 고령자 수는 2007년에 전체 고령자 수의 77%였던 것이 2013년에는 93%로 늘었다(통계청사회조사 2008~2017). 이 자료는 고령자가 필요로 하는 돌봄서비스를 가족이 충분히 제공하지 못하며, 이분들의 사회복지 돌봄서비스에 대한 정보와 지식이 늘었고, 고령자의 사회적 효에 대한 잠재적 수요가 늘어났음을 시사한다. 이 수요는 고령자의 연령, 성별, 교육 정도, 거주 지역에 상관없이 높다.

고령자는 건강, 수입, 고용, 주거, 여가, 인권, 지식, 교육, 사회 참여, 죽음 대처 등에 대한 욕구를 가진다. 생활이 어려운 고령자의 이러한 욕구를 충족하는 과업을 위에 제시한 사회적 돌봄단체(시설)들과 공익단체들이 수행한다.

다양한 유형의 사회적 효행이 이런 시설 및 단체를 세팅으로 하여 각 지역에서 실행되고 있다. 이 사회적 효는 가족적 효를 행하는 데 어려움을 겪는 자녀와 가족에게 크고 작은 도움이 되고 있다. 따라서 두 가지 효는 격리, 독립되어 있는 것이 아니라 상호 연계되어 상호 보완하는 관계를 가지게 되는 것이다.

사회보장제도가 발전도상에 있는 현재로서는 이런 사회적 돌봄을 일정한 수혜자격을 갖추고 최저생활을 하는 고령자들에게 우선적으로 제공하고 있다. 하지만 사회적 효의 필요성은 증대하고 있다. 사람들의 수명이 연장되고, 가족원 수가 감소하고, 직장을 가진 성인 자녀가 늘어나고, 부모를 떠나 생활하는 성인 자녀가 많아짐에 따라 의존적인 노부모를 돌보는 가족적 효행이 줄어들고 있다. 게다가 앞서 지적한 바와 같이 독거노인과 부양을 받지 못하는 고령자가 많아지고 있어 이분들을 위한 사회적 돌봄의 필요성이 증대하고 있다. 바꾸어 말하면 약화되는 가족적 효 기능을 보완하기 위해 사회적 효의 필요성이 커지고 있는 것이다. 따라서 이 사회적 돌봄의 개발과 확장이 긴요하다.

이러한 맥락에서 대사회가 실행하는 타율적인 사회적 효-경로효친-를 인간중시적으로 실행하는 과제를 신중히 다루어 나가야만 하겠다.

6

사회적 효: 사례

　사회적 효를 실행하는 단체(시설)들은 대개가 가족이 전통적으로 해 온 돌봄의 상당 부분을 대신하고 있다. 경로당, 노인요양원, 노인복지관의 경우가 그러하다. 노인요양원과 노인복지관은 고령자를 위한 사회복지의 주축을 이루는 사회적 효의 대표적인 실행자이다. 경로당은 마을/동리의 고령자들이 서로 돌보는 사회관계를 이루면서 생을 즐기는 여가시설로서 이도 역시 사회적 효를 행하는 대표적인 이웃 복지시설이다. 이 3가지 돌봄 시설을 가장 많은 노부모·고령자들이 매우 자주 이용하고 있다.

　다음에 이러한 경로당, 노인요양원 및 노인복지관이 제공하는 사회적 돌봄서비스를 개략적으로 살펴보고자 한다.

1) 경로당

　경로효친의 문화적 전통을 이어 가는 우리나라에는 옛날부터 고령자가 쉬어 갈 수 있도록 곳곳에 노인정(老人亭)을 설치해 놓았었다. 이 노인정은 오늘의 경로당(敬老堂)에 해당한다.

　경로당은 노인복지법(제36조, 참조: 부록 Ⅰ)에 따라 설립된 노인여가복지시설로서 지역 노인들이 자율적으로 친목도모·취미활동·공동작업, 정보교환, 여가활동 등을 할 수 있도록 하는 장소를 제공함을 목적으로 한다. 전국에 6만 7,000여 개가 산재해 있다(2020년 현재). 동리/마을의 고령자들이 모여 휴식, 오락, 면담, 회식, 운동, 학습, 작업, 봉사활동 등을 하며 서로 돌보는 사회관계를 이루면서 고독과 소외를 해소하여 생을 즐기는 매우 편리하고도 도움이 되는 소규모 이웃 복지시설이다(박충선, 박은희 외, 2008).

이러한 경로당은 집 가까운 이웃에서 이루어지는 사회적 돌봄의 세팅이다. 다른 나라들에서 볼 수 없는 한국 특유의 경로문화를 상징하는 사회복지시설-사회적 효행자-이다. 지방자치단체(시, 군, 구)의 재정적 지원과 대한노인회의 부수적 지원 및 자문을 받으며 지역 내 자원봉사자들의 도움도 받는다.

경로당을 활용하는 대다수 고령자들은 70~80세의 여성이다. 경로당 운영 방식을 지도하는 대한노인회 당국은 경로당을 활용하는 남녀의 수, 특히 남자 고령자의 수가 예상만큼 늘지 않는다고 한다. 이러한 사태를 야기하는 주된 이유로서 다음 사항을 들고 있다.

고령자의 욕구와 필요가 달라졌고, 이분들의 학력과 건강수준이 높아졌고, 생활수준이 높아졌고, 남자 고령자와 여자 고령자의 취미와 욕구가 다르고, 여성 고령자 수가 훨씬 더 많기 때문인 것으로 보고 있다. 전에 있었던 동내 사랑방 이상의 발전되고 향상된 역할을 요구받고 있다(대한노인회, 2016). 새 시대 고령자의 사회적 효에 대한 욕구가 달라지고 있는 것이다.

〈개선을 위한 접근〉

이러한 변화는 욕구와 필요에 대응하여 다음과 같은 사항을 개선해야 된다는 공론이 제기되고 있다(이창숙, 하정화, 2019; 유성호, 2009).

* 고령자가 관심을 갖는 다양한 프로그램을 선정하여 이를 정기적으로 운영하되 지역 특성과 연령층 욕구에 맞도록 특화할 것.
* 여가활동의 방식과 내용을 향상, 현대화할 것.
* 경로당 문지방을 낮추어 여러 연령층들에게 개방할 것.

   [주: 60대, 70대, 80대, 그 이상의 연령대 고령자 모두가 활용할 수 있도록 하여 연령 차를 두고 차별, 배척, 외면하는 문제가 발생하지 않도록 할 것. 현재 이런 문제가 대다수 경로당들에서 일어나고 있음(이창숙, 하정화, 2019).]

* 고령자들의 모임을 리드하는 지도자가 필요한 것(정순돌 외, 2008).
* 경로당 사업이 지방정부에 이관되어 국비지원이 중단되어 재정보조가 필요한 것.

위와 같은 어려움을 극복하며 이미 전국적으로 탄탄하게 이루어진 고령자 존중-경로-의 상징이자 사회적 효의 실천장이며 나라의 문화적 자랑인 경로당의 체계를 더욱 공고히 하여 지속적으로 개발, 현대화해 나가야 하겠다(유성호, 2009). 이를 위해 정부와 공동사회의 보다 더 많은 관심과 지원이 필요하다.

2) 노인요양원

노인요양원은 노인복지법(제34조, 참조: 부록 Ⅰ)과 노인장기요
양보험법에 따라 치매·중풍 등 노인성질환 등으로 심신에 상당
한 장애가 발생하여 도움을 필요로 하는 노인을 입소시켜 급식·
요양과 일상생활에 필요한 편의를 제공함을 목적으로 운영되는
노인요양시설이다.

이러한 목적에 따라 노인요양원(이하 요양원)은 자립하기 어려
운 병약한 고령자에게 무료 또는 저렴한 요금으로 급식, 간병, 물
리치료, 신체활동, 주거활동, 24시간 보호 등 일상생활에 필요한
의료보호와 사회복지서비스를 제공하는 사회적 효를 실행하는 돌
봄조직이다. 사회보장제도의 공적부조와 생활보호를 받는 기초생
활수급자, 장애인, 독거노인이 주된 요양대상자이다.

대다수 요양원들은 관리자(사업주) 아래 3~4명의 계약직 요양
보호사들, 1~2명의 간호보조사들, 1명의 사회복지사 등이 종사하
는 소규모 조직이다(최재성, 2016; 정승은, 이순희, 2009; 편상훈,
이춘실, 2008: 261-287). 준의료시설, 통신정보처리장비, 온냉방시
설, 안전장치, 운동기구, 교통수단 등을 갖추고 운영된다.

요양원의 주된 인력은 요양·보호기술을 사용하는 요양보호사
들이다. 이들은 아래에 소개하는 바와 같은 매우 다양한 돌봄서비
스를 제공한다. 사회복지사는 행사, 지역협동, 교육 등 외부활동을
하며, 돌봄프로그램 운영, 정보시스템 운영, 일당업무 평가, 근무
일지 작성 등 내부 작업을 한다. 간호조무사는 만성질환으로 장기
적 요양이 필요한 노입원자들을 위한 건강진단, 투약관리, 식사수
발, 병원의뢰, 상담-교육, 욕창간호, 신체수발, 통증관리 등을 한다

(이경자 외, 2004; 정승은, 이순희 2009).

모두가 취업시험을 치르고 채용되어 조직생활에 대한 훈련을 받고 직업경험을 쌓는다. 문서화된 규칙, 위계적인 구조하에서 노입원자와의 정실관계에 구애되지 않고 효율적(경제적)으로 돌봄서비스를 행하는 경향이며 수행실적(소위 생산성)에 따라 보상을 받는다. 이들의 대다수는 고강도의 업무를 실행하고 있다(성기월, 2005; 김성희, 남희은, 박소진, 2012). 이직률이 비교적 높은 편이다.

〈돌봄서비스의 특성〉

다수 요양원들은 최소한의 돌봄 인력을 투입하여 최다수의 노입원자를 위한 돌봄서비스를 경제적 실적(효율성)을 올리는 방향으로 운영되고 있다.

인력의 주축을 이루는 요양보호사가 제공하는 돌봄서비스의 유형은 다양하여 기저귀 갈기, 침구 정리, 식사 돌봄, 방 안 일, 배설 관리, 화장실 돌봄, 목욕, 오물청소, 빨래, 이미용서비스, 급여 제공, 환자 돌보기, 사회적응서비스, 나들이, 기록 작성 등에 이른다.

노입원자들의 일상생활의 여러 면에서 돌봄서비스의 균일화 또는 획일화 현상이 나타난다(이경희, 2016). 노입원자들 모두가 아침 6~7시에 기상하고, 저녁 10~11시에 취침하는 동안의 일과(교육, 운동, 여가풀이 등)는 시간적으로 미리 짜여 있고, 그동안에 제공되는 돌봄서비스와 고령자의 활동도 대체로 개별화되지 않는다. 취사 및 급식서비스는 현대적 주방시설과 식사 장소를 갖추어 전문요양사가 주관한다. 메뉴와 급식방법이 문서화된 규정에 따라 작성된다.

〈개선을 위한 접근〉

준의료시설과 보호수용시설을 갖추어 기술적 케어를 하고 있다. 하지만 노입원자의 개인적 요구를 충족하는 데 역부족이다. 돌봄서비스가 균일화됨으로써 노입원자 개인의 선택권과 자율성을 보장하기가 어려워진다. 고령의 입원자는 변화와 회복을 하여 개발될 수 있는 주체로 보이지 않는 경우가 흔하다. 효율적(경제적)으로 운영하고 있지만 균일화되지 않은 돌봄서비스는 흔히 제공되지 않는다.

이러한 상황은 돌봄서비스 전달에서 발생하는 바람직하지 못한 '부당한 돌봄(disservice)'이라고 볼 수 있다.

요약해서 요양원이 잘하는 것은 예측 가능하며 문서화된 순서에 따른 문제들을 해소하는 기술적 돌봄서비스를 다수 고령자들에게 균일하게 제공하는 것이고, 바람직하게 하지 못하는 것은 면대면으로 개별적 접촉을 하며 마음에서 우러나는 인간적인 정으로써 자율적으로 돌보는 것이다(김민경, 김미혜, 김주현, 정순돌, 2016).

요양원은 노입원자들의 문제들을 인간중시적 가치를 발현하며 개별적으로 풀어 나가야 한다. 특히 이러한 가치적 측면에 많은 에너지를 투입해야 하겠다. 즉, 고령자를 존중하며 돌보는 내면화된 이타적인 가치를 발현하며 효행을 하도록 노력해야 한다고 본다.

3) 노인복지관

노인복지관은 노인복지법(제36조, 참조: 부록 Ⅰ)에 따라 노인의 교양·취미생활 및 사회참여활동 등에 대한 각종 정보와 서비스를 제공하고, 건강증진 및 질병예방과 소득보장·재가복지, 그 밖에 노인의 복지증진에 필요한 서비스를 제공함을 목적으로 하는 노인여가복지시설이다.

노인복지관은 사회보장제도의 공적부조와 생활보호를 받는 고령자를 포함한 일반 고령자를 위한 사회교육, 상담, 주간보호, 건강증진, 여가활동 등을 위한 돌봄서비스를 제공하여 고령자의 삶의 질을 높이고 복지를 증진하는 다목적 여가복지시설이다(원영희, 모선희, 1998; 유영림, 김명성, 배영미, 2018; 허준수, 2018).

노인복지관(이하 복지관)은 위생시설, 통신정보처리장비, 온냉방시설, 안전장치, 운동시설, 교통수단 등 수단적인 조건을 갖추고 있다. 돌봄 대상자는 위와 같은 자격을 갖춘 해당 지역 내에 거주하는 고령자이다.

주된 인력은 사회복지사이다. 사회복지사는 급식을 비롯한 상담, 사회교육프로그램(주 1회 열리는 미술, 음악, 교양, 건강, 운동 등에 관한 강의 또는 실습), 여가풀이, 자원봉사 등 업무에 배정되어 장소준비, 인원점검, 강사보조, 업무평가, 정보시스템관리, 근무일지 작성 등을 한다. 이런 내부 활동과 겹쳐 가족방문, 자원봉사자개발, 지역협동, 교육 참가 등 외부활동을 한다. 가족지원서비스로서 상담과 방문을 하지만 인력 및 전문화 부족으로 바람직하게 실천하는 데 어려움을 겪고 있다. 다수 복지관들은 제한된 인력을 가지고 경제적 효율성을 올리기 위해 무리한 운영을 하는 경향이다.

〈돌봄서비스의 특성〉

대형 복지관은 다양한 교육프로그램을 운용한다. 미술, 음악, 영화, 비디오, IT, 교양, 운동, 레크리에이션, 자원봉사 등에 관한 강의, 실습, 실연을 한다. 이 교육프로그램에 참여하는 회원들은 회비를 내고 필요한 도구, 장비, 악기 등을 자급한다. 대다수가 교육을 받고, 외모를 갖추고, 용돈을 가진 건강한 고령자들이다. 노회원들은 일주일에 2~3번씩 내관하여 한두 가지 프로그램에 참여하고서는 귀가하거나, 도서실에 가거나, 낭하에서 점심시간을 기다린다.

〈개선을 위한 접근〉

다목적 돌봄 시설인 복지관은 인력 부족으로 개별화된 상담, 치유, 지도 등 전문적 돌봄서비스를 제공하기가 어려우며 돌봄서비스를 가능한 한 균일화한다. 사회복지사는 사무적이고 테크니컬한 일에 몰두하여 본연의 전문적 사회복지실천과는 거리가 있는 돌봄서비스 활동을 한다. 인력 부족에 따른 과도한 업무량으로 정서적 탈진이 생기고 있다. 이로 인해 서비스의 특성화와 전문화 그리고 인간화가 어렵게 된다. 사회복지사에 대한 처우개선이 우선적으로 다루어져야 한다. 그럼으로써 복지관의 다목적 돌봄서비스의 효과성과 인간화를 이룩할 수 있다고 본다.

복지관도 요양원의 경우와 같이 사회적 돌봄의 가치적 측면인 인간화(人間化)에 많은 에너지를 투입해야 하겠다. 즉, 인간중시적인 돌봄조직으로 변화하여 내면화된 존중과 돌봄의 이타적인 가치를 발현토록 하는 것이다.

〈시설 선정방법〉

위와 같은 사회적 돌봄 시설들의 장단점을 보아 병약한 노부모를 위해 시설을 선정하는 데 신중을 기해야 한다.

돌봄 시설은 위의 세 가지 외에 여러 종류가 있으며 그 형태와 설립자(공설 또는 사설, 종교적 및 재정적 배경), 운영의 인간중시적인 면에 대한 사회적 평판, 시설의 크기, 안전도, 환경, 서비스의 유형과 범위 및 전문성 정도, 비용부담 정도가 다르다. 입원해 있는 분들의 개인적 특성도 다르고 신체적 장애와 질환도 다르다. 이러한 다양한 조건들에 알맞은 시설을 선택하는 데는 노력과 시간이 필요하다.

장애가 심하거나 24시간 보호를 받아야 할 분에게 간호사, 요양보호사 등이 지속적으로 재활, 약물투여, 식이요법, 방사선치료 등을 하고, 의사가 정규적으로 왕진을 해서 진단과 치료를 해 주며, 사회복지사의 상담도 받을 수 있는 시설을 선택하도록 한다. 이런 시설을 선정할 때는 다음 사항을 참고할 필요가 있다.

* 시설의 분위기가 안락하고 가정적인가, 내부와 외부가 말쑥하게 꾸며져 있는가, 실내 공기가 잘 환기되는가.
* 시설은 정부의 인가를 받았는가.
* 면허증을 가진 간호사가 24시간 간호하는가.
* 의사의 감독하에 서비스가 전달되며 필요시에 의사의 왕진을

받을 수 있는가.

* 약은 면허된 약사가 조제하는가.
* 식사를 개인적 상태에 맞게 마련해 주는가.
* 재활서비스를 제공해 주는가.
* 오락, 레크리에이션 및 사교활동을 할 수 있는가.
* 시설이 안전하게 설치되어 있는가.
* 시설관리인과 요원들은 경험이 있고 공인자격이 있는가.
* 요원들은 친절하고 실제적인 도움을 주는가.
* 시설이 교통이 편리한 곳에 위치해 있는가.
* 의사, 간호사, 사회복지사가 추천하는 시설인가.

이러한 조건들을 시설을 선정하기 전에 검정해야 한다. 검정에 앞서 그 지방의 노인회, 노인의 전화, 병원의 노인병과와 사회사업실, 보건소, 동사무소, 사회복지관을 비롯한 노인의 복리를 위해 봉사하는 단체들에 문의해서 그 시설에 대한 전문적 의견을 들어보도록 한다.

7

사회적 돌봄의 개선방향

사회적 효를 실행하는 단체(시설)는 고령자를 돌보는 데 필요한 기술과 지식, 장비 및 전문 인력을 갖추어 오늘날 그 필요성이 증대하는 기술중심적 돌봄서비스를 제공한다. 복지관, 요양원, 요양병원 등 시설들은 이러한 돌봄서비스를 제공하는 유용성(장점)을 간직한다. 이들은 일반적으로 아래와 같은 속성의 돌봄서비스를 정도의 차이는 있지만 제공하고 있다.

* 기술중심적 돌봄(사회심리적, 보건의료적 및 환경조작적 기법을 적용한 치유, 교정, 재활, 예방, 간호, 요양)
* 다수를 위한 돌봄(돌봄 대상을 비개별화 및 균일화함)
* 돌봄 기준에 따른 타율적인 돌봄(미리 정해진 규칙, 기준, 지시를 따라 제공함)
* 효율적인 돌봄(한정된 인력 및 자원으로 최다수 고객을 돌봄으로써 경제적으로 업무실적을 올림)

위와 같은 속성을 지닌 사회적 돌봄서비스는 노부모·고령자에게 긴요하기는 하지만, 인간적 정을 섞지 않는 비정실적인 성향인 경우가 흔히 엿보인다. 돌봄서비스의 경제적인 효율성을 중시하여 정보다는 물질적인 금전으로 돌봄서비스 제공자의 작업동기를 이룩하기 때문인 것으로 보인다.

사회적 효를 행하는 시설들은 흔히 위와 같은 제한점을 가지고 돌봄서비스를 제공한다. 그러나 이들은 전술한 바와 같이 현대사회에서 불가결한 사회심리적 및 보건의료적 돌봄을 노부모·고령자에게 제공하고 있다.

이들은 퇴계가 돌보아 줄 것을 호소한 환과독고(鰥寡獨孤)-사회적 약자-를 커버하는 사회적 돌봄서비스가 오늘날 각 지역에서 제공되고 있다. 이 사회적 효를 위한 돌봄서비스는 가족적 효를 행하는 데 어려움을 겪는 자녀와 가족에게 크고 작은 도움이 되고 있다. 이런 사회적 돌봄서비스를 일정한 수혜자격을 갖추고 최저 생활을 하는 고령자에게 우선적으로 제공하고 있다.

위와 같은 사회적 효를 행하는 시설에서는 일반적으로 고령자와의 인간적인 정으로 찬 감정적 유대관계가 약하여 인간중시적 가치를 바람직하게 발현하지 못하는 경우가 흔하다. 따라서 사회적 효를 행하는 시설은 돌봄서비스의 개별화를 높여 균일화를 줄이고, 경제적 효율화를 낮추고, 전문 인력을 늘리고, 서비스의 질을 높이고, 고령자에 대한 존중과 애정의 인간적인 정을 높여 돌봄서비스의 인간화를 촉진할 필요가 있다. 경로효친을 실행하는 사회적 시설이 갖추어야 할 필요조건이라고 본다.

이렇게 발전적 변화를 이룩하기 위해서는 지방자치단체와 사회단체들이 사회적 돌봄 시설들에 대한 행정적 및 재정적 지원을 확장해야 한다.

<u>8</u>

사회적 효를 보완하는 사회서비스

사회서비스(social service)는 사회복지사가 제공하는 사회적 돌봄서비스로서 사회적 효를 행하는 한 가지 주요한 방법이다. 이 사회서비스를 제공하는 사회복지사는 전문적 지식과 기법을 활용하는 전문인으로서 사회적 돌봄이 개인, 가족, 집단, 지역사회에 바람직하게 미쳐 고령자를 위한 사회복지사업이 원만하게 운용되도록 뒷받침하는 긴요한 역할을 한다.

사회서비스는 요양원, 종합병원, 복지관, 상담센터, 가족클리닉, 일자리마련센터, 사회공헌센터를 포함한 다양한 사회복지시설 및 공익단체에서 제공되고 있다.

사회보장제도의 공적부조와 사회수당을 받는 생활이 어려운 고령자와 가족에게는 빈곤, 질병 및 신체장애로 인한 사회적 및 경제적 문제들이 많이 발생하는 경향이다. 사회서비스는 이런 문제들을 해소하여 노부모·고령자가 바람직하게 생활하도록 잠재력을 길러 주고, 개인적, 가족적 및 사회적 조건을 조정, 개선해서 이분들의 사회복지를 증진하는 긴요한 역할을 한다(한국사회복지학회, 2015; Campton & Galaway, 1984).

사회복지사는 사람의 마음속의 심리적 작용으로 생기는 문제를 분석하여 치유, 해소하고, 사회환경이 행동에 미치는 영향을 분석, 조정해서도 문제를 풀어 준다. 또 심리적 작용과 사회환경적 영향을 함께 조정해서 문제를 해소하기도 한다. 아울러 집단과 지역사회를 변화시킴으로써 보다 확장된 복지를 이룩하는 접근을 한다 (양옥경 외, 2018; Gambrill, 1983). 이러한 방법으로 직접적인 상담, 교정, 치유, 구호 등 돌봄서비스를 하지만, 다양한 돌봄서비스를 제공하는 전문인과 시설로 연결해 주는 의뢰서비스도 한다.

노부모에게 어느 곳의 돌봄서비스가 적당한가, 또 서비스를 어떻게 신청하느냐를 모르는 경우가 많다. 사회복지사가 해당 지역 내에서 제공되는 사회서비스를 포함한 각종 사회적 돌봄서비스를 제공하는 시설 및 단체에 대해 알고 있다. 사회복지사가 노부모에 대한 사정을 알고 관심을 가지면 크게 도움이 될 수 있다.

〈사회복지사의 역할〉

위와 같이 전문직 배경을 가진 사회복지사는 눈에 잘 띄지 않는 사회 저변에서 빈곤, 차별, 소외, 폭행, 재난, 약물남용, 가족문제, 문화적 차이 등의 어려움을 겪는 사람들에게 (사회복지시설과 공익단체의 돌봄 세팅에서) 사회적 돌봄서비스를 제공한다(한국사회복지학회, 2015). 즉 사회적 효행을 하는 것이다.

사회적 효의 대상인 노부모·고령자는 다양한 가족적 및 사회적 배경을 가진 인권과 존엄성을 간직한 분들이다. 따라서 이분들에 대한 돌봄서비스-사회적 효-는 마땅히 경로효친-존중과 돌봄-의 가치를 발현하며 제공되어야 한다.

이러한 요건은 앞서 지적한 '인간화(人間化)'의 중요성을 다시금 깨닫게 한다. 인간화를 위한 가장 주요한 가치는 '존중'을 하고 '존엄성'을 높이면서 '돌봄서비스'를 제공하는 것이다. 이 가치는 우리의 고유한 문화적 자산인 홍익인간사상에서 시발한 인간중시적 가치와 상통한다. 사회복지사들은 이러한 가치를 받들며 노고객들과 얼굴을 맞대며 사회서비스를 전달한다.

노부모를 돌볼 능력이 약하거나 없는 가족이 으레 찾는 이가 사회복지사들이다. 이들이 사회복지 최일선에서 고령자에게 전달하는 사회서비스는 인간중시적으로 제공되어야만 한다. 사회복지사가 이러한 인간적인 접근을 하면 노고객은 그에게 따듯하고, 애정 어린 감정을 가지게 되며, 자연스럽게 긴장을 풀고, 부딪힌 문제로 인한 스트레스와 두려움을 해소하게 되고, 돌봄 과정에서 사회복지사와 협조적인 관계를 가지게 된다(Gambrill, 1983). 이런 관계를 이루는 것이 사회서비스 개입의 첫째 조건이다.

가족상담 전문가 C. Rogers(1961)는 고객중심적 접근을 하는 데 필요한 기법으로서 감정이입(empathy, 고객의 감정을 동감하고 나누어 가짐), 온정(warmth, 따뜻한 마음) 및 성실성(genuineness, 정성스럽고 참됨)을 들었다. 그는 이 3가지를 돌봄서비스 제공자가 반드시 갖추어야 할 요건이라고 했다. 이 요건은 남을 위한 이타적 행동임을 보아 인간중시적인 존중, 사랑, 측은지심 및 서로 발현되는 인(仁)과 맥을 같이한다고 볼 수 있다.

우리는 소득, 건강, 주택, 교통편, 여가 돌봄, 고용, 세금감면 등 수단적 돌봄을 강조하는 경향인데, 질적 차원인 정서적 돌봄에도 더 많은 관심을 기울여야 하겠다. 사회적 효를 받는 노부모·고령자는 이 두 가지의 돌봄-정서적 및 수단적 돌봄-이 모두 필요하다. 따라서 이 두 가지의 돌봄을 연계해서 인간화된 종합적인 사회적 효를 실행할 필요가 있다. 이런 두 가지의 필요조건과 연관된 송복(1999) 교수의 다음과 같은 설명을 참고할 수 있다.

> "예(禮, 대인관계에서 지켜야 할 규범)는 외면적, 형식적으로만 지켜서 되는 것이 아니라 내면적으로 마음에서 우러나게 행해야 한다. 이 두 가지가 모두 조화, 균형이 되어 합일의 상태가 이루어져야 예가 이루어지는 것이다."

사회복지사는 이와 같은 규범에 따라 고령자에게 정서적인 돌봄과 아울러 수단적인 돌봄을 윤리적인 예(禮)를 지키면서 제공하는 것이 바람직하다. 이런 인간중시적인 서비스 활동을 하는 사회복지사는 우리가 지향하는 복지사회의 기틀을 다져 국가사회의 안정을 이룩하는 시멘트(접착제) 역할을 한다고 본다.

9

사회적 효의 인간화

〈인간중시 가치의 발현〉

법과 규정에 따라 타율적으로 실행되는 사회적 효는 위의 노인정, 노인복지관, 노인요양원의 경우와 같이 돌봄서비스를 인간화해서 인간중시적으로 제공하는 데 어려움을 흔히 겪는다.

노부모·고령자를 인간애와 인간존중을 발현하며 돌본다는 것은 사회적 효를 행하는 돌봄 단체(시설)의 관리자와 돌봄서비스 제공자가 다 같이 준수해야 하는 기본적인 윤리적 규범이다.

사람을 돌보는 데 사용되는 돌봄서비스 방법(기법)은 신발이나 책상을 만드는 데 사용되는 기술과 같을 수 없다. 따라서 관리자와 제공자는 적어도 다음 두 가지의 상호 연관된 과제들을 신중히 다루어야만 한다.

첫째, 사람을 돌보기 때문에 돌봄 방법에 '도덕적(道德的)' 차원이 반영되어야 한다.

둘째, 돌봄서비스 제공자와 이를 받는 고령의 고객 간의 바람직한 '인간관계(人間關係)'가 이루어져야 한다.

돌봄서비스를 받는 고령자들은 각자 도덕적 가치와 존엄성을 간직한다. 이분들은 다양한 개인적 속성을 지니며 돌봄서비스에 대한 반응은 각자 다를 수 있다. 게다가 돌봄(개입)과 돌봄 결과(개입효과) 간의 인과(因果)관계를 입증하기가 쉽지 않다. 사람의 문제가 복잡하여 개입기법의 효과성을 정확하게 측정하기가 어렵기 때문이다. 이런 문제 때문에 돌봄서비스를 평가하는 데 있어 고객과 제공자 간의 인간관계-대면적 상호관계(對面的 相互關係)-가 매우 중요한 요인으로 떠오른다.

앞서 지적한바 Gambrill(1983)이 돌봄서비스 과정에서 돌봄 대상자를 존중해야 함을 강조한 점과 Rogers(1961)가 고객중심적 돌봄방법으로서 온정, 감정이입 및 성실성을 역설한 점은 이러한 고객과 제공자 간의 상호관계에서 고객의 존엄성을 받들어 돌봄서비스를 인간화함을 중시하는 접근이라고 볼 수 있다.

〈돌봄 제공조직(시설)의 인간화〉

앞에서 논의한 노인요양원과 복지관의 경우 인간중시적으로 돌봄서비스를 제공하는 데 어려움이 있는 실정이 드러났다. 경로당의 경우도 연령층 간의 배척과 따돌림 그리고 지도력 부족으로 서로 존중하며 돌보아야 하는 이웃 복지조직(시설)으로서 바람직하게 운영되지 못하는 사례들이 많다.

사회적 효는 주로 크고 작은 사회복지단체(시설)들과 공익단체들에 의해서 행해진다. 이 단체들의 공통적 특성은 정도의 차이는 있지만 관료제적 속성을 지닌다는 사실이다. 이 속성은 흔히 사회조직을 인간화하는 데 거침돌이 되는 것으로 알려져 있다. 이런 속성을 지닌 조직(시설)들이 흔히 가지는 문제는 사람들을 존중과 애정의 인간중시적 가치를 발현하며 돌보지 못하는 경향이 있는 것이다.

사실 사회복지조직에 대한 연구에서는 인간중시적 돌봄조직을 구성해서 운영하는 것이 우선적인 과제로 다루어지고 있다(Litwak, 1985; Hasenfeld, 2009; 신환철, 1995).

저명한 연구자들이 사회조직 내의 인간관계에 관한 연구를 해 와서 이에 대한 경험적 자료를 대량 산출하였다. 이 자료가 공통적으로 조명하는 주요한 사실은 사람돌봄조직(시설)이 관료제적 요인들을 감소, 조정함으로써 돌봄 요원들로 하여금 인간중시적 돌봄서비스를 제공토록 할 수 있다는 것이다. 즉 돌봄조직과 돌봄서비스를 인간화(人間化)하는 것이다(오석홍, 2016; Katz & Kahn, 1978; Likert, 1967; Hasenfeld, 성규탁 역, 1985: 32-42).

하지만 사회현실을 들여다보면 많은 사회적 효를 행하는 돌봄조직들은 노인요양원, 노인복지관 및 경로당의 경우와 같이 이렇게 인간화된 돌봄서비스를 제공하는 데 어려움을 겪고 있다.

이런 제한점 때문에 인간화를 조직개혁의 으뜸가는 원칙으로 삼게 되는 것이다(오석홍, 2016; Hasenfeld, 2009; Litwak, 1985).

이 원칙에 따라 연구자들은 인간중시적 가치를 강조하는 행정개혁을 시도해 왔다. 이들은 다음과 같이 관료제적 속성을 조절, 축소하는 개혁을 추진하게 되었다. 즉 조직성원들의 인권을 존중하고, 이들에 대한 감시 및 통제와 같은 규제를 최소화하고, 권력을 분산하고, 상하 간 및 성원들 간 소통을 증진하고, 갈등과 긴장을 해소하고, 이들의 자존심과 일을 할 의욕을 북돋아 주는 조직으로 개혁하는 것이다. 즉 관료제 속성을 조정 내지 해소하는 접근이다.

이렇게 관료제 속성을 줄여 돌봄조직을 인간화함으로써 이 조직의 돌봄 요원들이 고객에게 보다 더 인간중시적인 돌봄서비스를 제공하도록 개혁하려는 것이다(오석홍, 2016; Hasenfeld, 성규탁 역, 1985). 즉 돌봄조직과 돌봄서비스의 '인간화'를 이룩하려는 접근이다.

일반적으로 사회적 조직들은 다소간의 차이가 있지만 조직성원들 간의 정실관계를 떠나 업무실적(생산성)을 강조하는 효율성 지향적 성향을 엿보인다. 이렇게 경제적 실적을 강조하기 때문에 돌봄서비스가 고객의 인간성을 경시하거나 도외시하는 불상사가 흔히 발생한다. 예로 돌봄서비스를 받은 고객의 수와 같은 통계숫자(생산성, 업무실적을 나타냄)를 중시하고 이 숫자가 어떤 인간관계를 통해서 이루어졌는가에 대해서는 별로 관심을 갖지 않는 것이다. 또한 요양원의 경우와 같이 업무실적을 올리기 위해 고령자의 개인적 욕구를 묻어 버리고 돌봄서비스를 균일화 내지 비개별화해 버리는 것이다.

그런데 중요한 점은 사람(돌봄서비스 제공자)이 사람(돌봄서비스 수혜자)을 다루는 순전한 인간 대 인간의 상호관계 속에서 돌봄서비스가 진행된다는 사실이다. '인간'이란 주제에 관심을 가지는 이유는 다음과 같은 사회적 효를 행하는 조직들의 공통적인 문제가 있기 때문이다. 돌봄서비스를 받는 고객을 생산성을 올리기 위한 수단으로 보는 시각을 갖는 경향이 있다. 그뿐만 아니라 고객을 무시하고, 차별하며, 학대하는 비인간적인 처우를 하는 불상사가 발생하기도 한다.

이런 바람직하지 못한 사례들은 사람 돌봄서비스의 지상 목표인 인간존엄성의 가치를 받드는 데 부정적 영향을 미친다. 사회적 효를 행하는 시설은 노부모·고령자에게 미칠 수 있는 이러한 영향을 감소, 억제하는 데 주력해야 한다.

사회적 돌봄서비스-사회적 효-를 보다 더 인간중시적으로 제공하는 데 도움이 될 수 있는 다음과 같은 돌봄 요원이 지켜야 하는 윤리적 규범이 있다.

〈사회적 효의 윤리적 실행〉

한국을 포함한 유교문화권 나라들의 윤리는 가족적 관점에서 그리고 인간 대 인간의 사회적 관계에서 근거를 찾는다(윤성범, 1975; 소인수 외, 1977; 김낙진, 2004: 62~63).

이런 인간적 관계란 퇴계가 교시한바 존중, 사랑, 측은지심 및 서의 인(仁)의 가치를 발현하는 인간중시적 관계라고 본다. 사회적 효를 실행하는 데 사회복지사 등 돌봄서비스 제공자들이 지켜야 할 윤리도 이러한 널리 숭앙되는 가치를 바탕으로 정립되어야 할 것이다.

이 윤리는 사회복지사 등 돌봄 요원들이 돌봄서비스를 제공하기 위해 접촉, 개입하는 개인, 집단 및 지역사회와 상호관계를 유지하는 데 있어 반드시 지켜야 하는 원칙을 말한다.

사회복지사가 지켜야 하는 다음과 같은 윤리적 준칙이 있다.

첫째, 돌봄 대상자(고객)를 존중하는 규칙이다. 즉 고객의 존엄성을 받드는 것이다.

제공자는 다양한 배경을 가진 고객들에게 돌봄서비스를 제공한다. 이분들에게 연령, 성별, 사회적 계층에 상관없이 공평하게 존중하며 위신을 세워 주고 관심을 가져 주어야 한다.

모습이 추하고, 몸에서 악취가 나고 옷에 오줌을 적시고 있는 노고객에게도 화려하게 화장, 비싼 장식을 하고 고급 양복을 입은 고객을 대하듯 공평하게 존중하며 대해야 한다. 결코 개인적 느낌이나 감정에 따라 고객을 대하여서는 안 된다.

둘째, 고객의 자기결정권을 존중해야 한다. 어떤 고객은 자기결정을 하기 어려운 경우가 있겠지만, 사회서비스의 주목적은 어디까지나 고객 스스로 자기가 원하는 방향으로 결정을 하도록 가르치며 인도해 나가는 것이다.

정신질환자와 현실감각을 상실한 고객의 자기결정권을 제한할 필요가 있으면, 법과 사회복지전문직의 책임 범위 내에서 최소한의 제한을 하고, 곧 자기결정을 하도록 도와야 한다.

셋째, 고객과의 대화 내용을 비밀로 붙이는 과제이다. 고객의 생활환경, 가슴속의 감정, 가족과 친구에 대한 정보, 건강, 재정, 종교, 성생활 등에 관한 정보를 엄격히 비밀에 붙여야 한다. 이런 정보는 고객의 동의와 기관정책에 의하지 않고서는 다른 사회복지사나 시설 또는 일반 사람이나 단체에 넘겨 줄 수 없다. 오늘날 통신기술이 발전하여 사람들에 관한 정보에 쉽게 접근할 수 있게 됨으로써 개인의 사비밀과 비밀보장 문제는 매우 심각한 사회복지전문직의 문제로 등장하였다. 어떻든 사비밀 보장은 민주사회에서 개인 인권을 존중하는 의무이며 제공자가 지켜야 하는 기본적 가치이다.

사회적 효는 사회의 다수 사람들이 보편적으로 중요시하고 바람직하다고 믿는 위와 같은 일련의 윤리적 가치에 바탕을 두고 실행되어야 한다. 이 가치가 돌봄서비스 제공자들의 생각과 행동을 인도해 주는 지렛대 역할을 하게 되는 것이다.

사회적 효행에서 지켜야 하는 윤리의 핵심적 준칙은 위에 언급한 고객의 존엄성 존중, 결정권 존중 및 사비밀 존중이다. 이와 아울러 사회복지사가 지킬 준칙으로서 사회정의 실현, 고객 돌봄에 대한 사명감, 전문직 능력의 발휘, 공평성 있는 돌봄 등을 들 수 있다(한국사회복지사협회 윤리강령, 2008; NASW, Code of Ethics, 2012).

아울러 제공자가 지켜야 할 윤리적 준칙으로서 우리의 전통적인 인간중시적 가치, 그리고 존중, 사랑, 측은지심 및 서(恕)로 발현되는 인(仁)을 들 수 있다. 사회복지 돌봄서비스를 공(公)의 정신으로 제공하는 것이다.

> "자신과 가까운 사람이나 먼 사람이나, 친밀한 사람이나 모르는 사람이나, 은혜를 입은 사람이나 아닌 사람이나 모든 사람을 공평무사하게 대우하는 것이다"(도성달, 2012: 123).

이러한 접근과 연관된다고 보는 다음 공자의 말을 덧붙이고자 한다.

> "비천한 사람이 나에게 물어 오면 그 사람이 무지하더라도 나는 성의를 다하여 처음부터 끝까지 가르쳐 주기를 하노라"(논어, 자한 7).

배경이 다른 여러 고객들을 돌보는 데 있어 공통적으로 존중, 공평, 겸손의 덕목을 갖추어야 함을 중시하는 가르침이다.

퇴계의 다음과 같은 호소는 우리의 심금을 울리며, 우리가 사람을 돌보는 데 있어 지켜야 하는 사회윤리적 가치를 알려 준다.

"돌봄이 필요한 사회적 약자인 개인, 집단, 공동체의 어른과 어린 이는 모두 나의 형제이며, 이들을 마치 나의 친족과 같이 사랑으로 돌보아야 한다"(이황, 성학십도, 인설).

퇴계의 인(仁)에 대한 다음 정의를 보면 이러한 공을 위한 돌봄을 호소한 그분의 깊은 이타적 정을 이해할 수 있다.

"인의 마음은 따뜻하게 남을 사랑하고 모든 것을 이롭게 하는 마음 이며, 사심 없이 이타적인 측은한 마음이다"(이황, 성학십도, 인설).

위의 퇴계의 말은 사람을 돌보는 데 있어 인간중시적인 가치를 발현해야 함을 가르친다고 본다. 그런데 사회적 현실을 보면 사회복지사 등 돌봄서비스 제공자들은 그들 나름대로의 도덕적 가치를 간직하고 있다. 그래서 이들이 노고객과의 상호관계에서 어떠한 가치를 발현하느냐에 따라 제공되는 돌봄서비스의 방법과 내용이 달라질 수 있다.

즉 제공자의 빗나간(비윤리적) 가치에 따라 고령자의 문제를 균일화하고, 개별화를 피하고, 정실관계를 떠나 과도하게 기술중심적이며 경제적으로 문제를 해소하기 위한 돌봄서비스를 제공하는 경우가 발생할 수 있는 것이다.

이와 같이 돌봄서비스는 제공자의 가치관에 따라 조정되고 흔히 정당화된다. 예로 제공자가 고령자보다 젊은 고객을 더 중요시한다면, 고령자를 위한 돌봄서비스에 투입되는 노력과 자원 그리고 이 돌봄서비스의 질과 양이 저하될 수 있다. 따라서 제공자인 사회복지사의 가치관은 고령자를 돌보는 데 매우 중요한 역할을 한다.

　이러한 중요성을 감안하여 요양원, 복지관 등 사회적 효행시설들의 관리자와 돌봄요원은 돌봄서비스를 위에 제시한 윤리적 기준에 따라 인간화(人間化)하는 데 많은 에너지를 투입해야 하겠다. 즉 인간중시적인 돌봄 시설로의 변화를 지향하여 내면화된 이타적 가치를 높이 발현해 나가야 하는 것이다.

10

가족적 효를 보완하는 사회적 효

사회적 효는 효·경로효친을 실행하여 노부모·고령자의 삶의 질과 복지를 증진함으로써 가족적 돌봄을 보완, 증진하게 된다. 노인복지법에 담겨 있는 경로효친의 기본 취의도 가족의 효행을 권장, 지원하는 것이다.

이러한 두 가지 효가 상호 연계된 맥락에서 사회적 효행은 가족적 효행을 보완, 촉진할 수 있다. 즉 기술적인 돌봄을 인간중시적인 돌봄과 종합함으로써 노부모·고령자들에게 복합적으로 도움이 되는 바람직한 결과를 낼 수 있는 것이다. 이러한 포괄적 돌봄서비스를 가족의 노력과 대사회의 노력이 병합되어 전달할 수 있다.

이런 서로 연계된 맥락에서 사회적 효가 바람직하게 실행되면 가족적 효도 바람직하게 수행되는 쌍발적인 효과를 낼 수 있다고 본다. 하지만 이러한 효과를 내기 위해서는 사회적 돌봄을 받는 노부모·고령자에 대한 가족의 끊임없는 애정, 존중, 측은지심 및 서로 행하는 인간중시적인 돌봄이 필요하다. 예로 요양원과 같은 사회적 돌봄 시설에 입원한 노부모·고령자에게 정기적 또는 수시로 방문, 통신, 교환을 하고, 보청기, 안경, 기호품, 참고서 등 필수품 마련을 위한 지원을 해 나가야 한다. 그리고 시설이 제공하

는 돌봄서비스가 이분의 사회적, 문화적 및 종교적 배경에 알맞은
지 문의와 상담을 해 나가야 한다. 가족이 행하는 이러한 가족적
효는 시설에 입원해 있는 노부모가 받는 사회적 효를 보완하게 되
는 것이다.

　이와 같이 상호 연계되어 상호 지원하는 두 가지의 효는 커다란
사회공동체가 바람직하게 효·경로효친을 실행토록 다대한 힘을
보태 줄 수 있다. 제4장에서 이러한 두 가지 효의 연계, 협치에 관
한 논의를 계속하고자 한다.

제3장

가족적 효, 변하는 표현

1
가족적 효와 시대적 적응

가족의 형태가 핵가족으로 변하였지만 우리는 아직도 확대가족의 의식 속에서 살고 있다고 본다(신용하, 2004; 송복, 1999; 최재석, 1982). 서로 의존하면서 서로 돌보는 핵가족들(부모의 핵가족, 아들의 핵가족, 딸의 핵가족, 손자녀의 핵가족)의 연합으로 이루어진 새로운 확대된 대가족 구조가 형성되어 기능하고 있는 것이다(이광규, 1990; Litwak, 1985).

한국인은 집을 중심으로 하는 가족의식을 간직하고 있다. 이런 의식이 마음과 생활에 스며들어 가족원들이 위와 같은 가족구조 속에서 서로 의존하면서 서로 돌보는 친족관계를 이루고 있다(권중돈, 2019; 이여봉, 2017; 최상진, 2012).

하지만 노부모를 돌볼 기능을 하지 못하는 가족이 늘고 있어 이 기능의 일부를 앞 장에서 논한 바와 같이 대사회가 대행하고 있다. 그러나 나라와 대사회는 가족이 노부모에게 제공하는 돌봄의 일부분만을 더 많이 대행한다 해도 막대한 재원을 투입해야 해서 재정적 어려움을 겪게 될 것이다. 사회적 효가 확장되고 있지만, 대다수 가족들은 여전히 대사회보다도 더 많은 돌봄을 노부모에게 제공하는 실정이다.

이러한 맥락에서 가족적 효를 보완해서 활성화해야 한다는 공론이 드러나고 있다(신용하, 2004; Yang(양옥경), 2011). 앞서 논한 바와 같이 선진 복지국가에서는 오래전부터 이러한 공론이 확산되고 있다(The Beverage Report, 1942; Doty, 1986).

사실 한국에서는 다수 가족들이 노부모·고령자를 효·경로효친의 가치와 관습에 따라 돌보고 있다. 과거에 비하여 약화되었다고 하나 가족들이 노부모 돌봄에 대한 책임을 저버렸다는 증거는 없는 것으로 보고 있다(신용하, 2004; 최재석, 2009; 최상진, 2012).

많은 가족들은 노부모의 기초적 욕구의 대부분을 친족관계라는 일차적 사회관계망을 통해서 충족하고 있다(Yang(양옥경), 2011; 권중돈, 2019; 성규탁, 2020). 이 사실은 가족주의가 여전히 작용하고 있으며 서로 돌보는 친족관계가 이어지고 있음을 시사한다. 즉 앞서 지적한 혈연을 기틀로 하는 핵가족들로 이루어진 가족망을 통한 서로 돌봄 활동이 전개되고 있는 것이다(정경희, 강은나, 2016; Yang, 2011; 권중돈, 2019). 시대의 급격한 변화과정에서도 전통적 가족주의가 우리 생활 깊숙이 스며들어 있음을 알려 준다(참조: 부록 III '가족주의적 성향').

대사회는 경로효친을 촉진하는 법을 시행하고 있지만, 사회보장체계가 개발과정에 있어 보편적인 경로효친-사회적 효-을 실행하기에는 아직은 힘든 실정이다. 더욱이 가족과 같이 존중과 애정으로 인간중시적인 돌봄을 하는 데는 역부족인 것이다. 그러나 한편, 현대사회에서 가족의 힘만으로는 포괄적인 노부모·고령자 돌봄을 할 수 없는 실정이다. 그래서 사회적 효활동을 확장해 나가야 한다. 하지만 사회적 효는 가족적 효 기능을 빼앗거나 훼손하지 않고 이를 보완, 강화하는 방향으로 실행되어야만 한다.

2

가족적 효: 문화적 속성

가족을 이루는 성원들은 출생 및 혼인으로 자동적으로 가족원들이 되어 영구적인 관계를 이룬다. 이들은 경제적 대가를 바라지 않고 애정과 존중의 인간적인 정으로써 고령의 부모를 돌보는 데 긴요한 역할을 한다(한국보건사회연구원, 2016; 권중돈, 2019). 우리 문화에서는 이런 가족중심적 돌봄-가족적 효-이 다른 문화에 비하여 더 드러나고 인상적이다.

퇴계는 나와 사회와의 연결 고리를 '가족'으로 삼았다. 퇴계는 사랑, 존중, 측은지심 및 서(恕)의 인(仁)을 이룩하는 가치를 바탕으로 가족질서를 추구하였는데 이 질서는 바로 가족을 출발점이자 기틀로 하여 공(公, 뭇사람을 돌봄)에 이르게 되는 것이다(퇴계집, 차자 인설; 금장태, 2001: 94).

가족을 중시하는 가치는 가족에 대한 강한 애착 내지 관심으로서 가족원들 간의 서로 의존과 서로 돌봄을 당연시하고 가족의 번영, 명예, 영속을 소중히 여기는 믿음이다(최재석, 1982; 최문형, 2004; 최상진, 2012). 오늘날 가족법의 개정, 핵가족화의 심화, 저출산, 고령화, 생활스타일의 변화는 가족생활에 큰 영향을 미치고 있다. 하지만 위와 같은 가치적 측면에서는 아직도 전통적인 가족중심적 성향을 유지하는 경향이 짙다(신용하, 2004; 도성달, 2012; 최연실 외, 2015: 38~39).

우리 겨레는 오랜 세월에 걸쳐 위와 같은 가족중심적 가치로써 효를 실행해 왔다. 가족의 중심은 부모자녀 간의 자연적으로 이루어지는 친한 관계, 즉 앞서 해설한 부자유친(父子有親)이다. 이런 관계를 바탕으로 하여 가족적 효가 오랜 세월 동안 실행되어 온 것이다.

가족은 마음에서 우러나는 내면화된 존중, 애정, 측은지심 및 서로 노부모와 성원들을 돌본다. 최상진 교수의 말대로 한국인은 부모에 대한 이러한 깊은 마음속의 정을 간직하고 있다. 한국의 다수 자녀들은 부모를 옳게 돌보지 못해서 항상 미안함과 한스러움과 같은 측은지심을 부지불식간에 거의 무의식적으로 간직하고 있다(최상진, 2012: 250).

다음은 이런 측은지심에 관련된 퇴계의 말이다.

"사람이 추구하는 가장 고귀한 가치인 인(仁)은 사람을 존중하고 사랑하는 마음이며 이 마음에는 측은지심이 한결같이 통한다"(성학십도, 인설; 퇴계집, 차자 인설).

이러한 마음으로 가족이 일상생활에서 제공하는 정서적 및 수단적 돌봄은 노부모의 삶을 유지하는 데 값있고도 긴요하다. 스스로 마음에서 우러나는 정에 찬 이런 돌봄은 특수하여 가족이 아닌 다른 사람은 행하기가 어려운 것이다.

위와 같은 가족중심적 맥락에서 이루어지는 가족적 효는 자족원들이 자율적으로 제공하는 돌봄이다. 법적인 규정에 따라 타율적으로 행해지는 사회적 효와 대조된다. 이러한 가족적 효는 태어나서부터 오랜 세월 동안에 이어진 부모와의 깊은 정으로 이루어진 유대관계와 이분들로부터 받은 도움 때문에 이루어지는 것으로 본다.

부모와 자녀 간의 깊은 정은 초기에는 부모로부터 시발되나, 자녀가 성장하고 사회화되는 과정에서 자녀의 부모에 대한 깊은 정으로 진전된다. 이 과정에서 자녀는 부모에 대한 단순한 정의 차원을 넘어 고마움과 송구스러움을 느끼는 동시에 보은의식을 가지게 되고, 부모는 자녀에 대해 측은지심과 더불어 깊은 혈육의식을 갖는다(최상진, 2012: 253; Yang, 2011).

이러한 부모자녀 관계가 발전되는 과정을 다음과 같이 자녀가 성장하는 단계에 따라 살펴볼 수 있다(Cicirelli, 2011; 최상진, 2012; 정현숙, 옥선화, 2015).

먼저 애착(愛着)이론에서는 자녀가 성장하는 시기에는 부모에 대해 정서적 및 애정적 유대를 가지게 되는데, 이 유대가 곧 장래 이들이 노부모가 어려울 때 돌보는 행동을 하게 만드는 원인이 된다고 본다. 따라서 부모 돌봄에 대한 책임감은 부모에 대한 빚(은혜) 때문이라기보다는 부모와의 친밀한 감정적 유대에 바탕을 둔다고 보는 것이다.

사회화(社會化)이론에서는 자녀는 성장하면서 겪는 사회화로 인하여 부모에 대한 책임감을 가지게 된다. 성장한 자녀는 부모를 돌보는 데 대한 사회적 규범을 알게 되어 이를 따른다. 이 규범은 가족구조, 경제적 자원, 전통주의적 가치, 부모에 대한 책임감 등에 따라 차이가 있을 수 있다. 다수 가족들의 경우 가부장적인 가족관계하에 효 의식을 간직하는 맥락에서 장남의 돌봄 책임과 며느리의 돌봄 역할이 여전히 중요시되고 있다.

사회교환(社會交換)이론에서는 인간관계의 호혜성에 기초하여, 부모가 자녀에게 음식, 돌봄, 사회화 등 필요한 것을 제공해 주었기 때문에 자녀도 부모가 병약해질 때 그분들의 정서적 및 물질적 욕구를 충족해 주고 보호와 돌봄을 하게 된다고 본다.

〈시대적 변화〉

위와 같은 부모자녀 간 생애주기에 따른 세대 간의 돌봄을 중심으로 하는 사회적 및 윤리적 관점이 일반적으로 받들어지고 있다. 하지만 시대적 변동에 따라 가족적 돌봄 기능은 점차 약화되는 경향이 나타나고 있다(통계청사회조사, 2008~2014; 한국보건사회연구원, 2016). 이런 변화에 대처하여 이제는 공동사회가 제공하는 사회적 돌봄, 즉 사회적 효가 크게 확장되어야 할 조짐이다.

하지만 가족의 노부모 돌봄을 나라가 어느 정도로 지원해야 하는지에 대해 논의가 이어지고 있다. 이런 맥락에서 나라의 사회보장제도가 발전도상에 있고 국가 재원이 제한되어 있음을 고려해야 하고, 아울러 새 시대 생활양식에 걸맞게 위와 같이 생애주기에 따라 이루어지는 가족적 효를 바람직하게 이룩할 필요성도 신중히 고려해야 된다고 본다.

우리는 가족적 효를 여러 세대에 걸쳐 실행해 왔다. 이 효는 지금도 문화적 규범으로서 기능하고 있으며 다수 가족들에서 이 규범에 따라 노부모를 대하는 태도와 행위가 조정되고 이의 도덕성이 판정되고 있는 실정이다(류승국, 1995; 지교현, 1988; 신용하, 2004).

문화가 다름에 따라 고령자에 대한 태도와 행동에 차이가 있을 수 있다(Streib, 1987; Palmore, 1989). 이러한 문화적 차이는 고령화 과정에 매우 커다란 영향을 끼친다. 동아시아문화권의 나라들에서는 전술한 바와 같이 고령자에 대한 시각이 일반적으로 긍정적이며 고령자를 존중하며 돌보는 관행이 드러나 보인다(Streib, 1987; Chow, 1995; 성규탁, 2019).

이와 대조적으로 서양문화에서는 고령자는 공동사회에서 격리되고 병원과 요양원에 속하는 사람으로 취급되는 경향이 흔히 드러난다.

[주: 그리스(Greece) 사람들은 서양문화권에 속하지만 고령자에 대한 차별적, 멸시적 태도와 행동을 하지 않음. 오히려 그리스문화에서는 가족중심으로 고령자는 존경과 축복을 받고 있음. 다른 서양 나라들에서 볼 수 없는 예외적인 현상임.]

〈전통의 지속〉

동아시아문화권 전역에 걸쳐 산업화 과정에서 부모자녀 관계에 변화가 일어나고 있는 것이 사실이다. 그러나 효에 뿌리를 둔 문화적 가치가 근본적으로 달라졌다고는 할 수 없다.

가족은 이 문화적 가치를 보존하려고 대안을 찾아가며 시대적 변화에 적응해 나가고 있다. 한국, 중국, 일본, 대만, 싱가포르 등 동아시아 나라들에서는 (전술한 바와 같이) 효의 규범이 여전히 적용되고 있는 실정이다. 그리하여 산업화가 오래된 일본에서는 고령자를 존중하는 전통이 지속되며, 사회주의 체제하의 중국은 효행을 법으로 규정하고, 고도로 산업화된 한국, 대만, 싱가포르에서는 경로효친을 법제화하였다.

한국, 중국, 일본 및 대만의 4개국 사람들의 부모 돌봄에 관한 비교국가적 사회조사에서 나온 경험적 자료에 의하면, 고도로 산업화된 이 나라들에서 효를 행하는 문화적 관습이 광범위하게 지속되고 있다. 이 나라들 중에서도 한국이 가장 전통적인 노인돌봄 의식-효의식-을 간직하고 있으며, 다음으로 대만, 중국 및 일본이 따랐다. 4개 나라들 모두에서 공통적으로 고령자 돌봄을 위와 같이 높게 실행하고 있음이 이 비교국가적 조사에서 드러났다(조지현, 오세근, 양철호, 2012). 다시 말해서 이 경험적 자료는 다수 한국인들을 포함한 동아시아 사람들이 노부모 돌봄에 대한 긍정적인 태도를 간직하며 효를 실행하고 있음을 밝힌 것이다. 이 자료는 앞서 소개한 동아시아 나라들에서 효·경로효친이 이루어지는 실상을 분명히 뒷받침해 준다.

이러한 실상을 뒷받침하는 또 하나의 보기로서 중국의 경우를 들 수 있다. 중국에서는 효를 가장 높은 가치로 삼고 있다. 일부 대도시에서는 이 전통적 가치가 약화되는 징조가 보이지만, 중국의 대다수 성인 자녀들은 여전히 노부모를 존중하며 돌보아 나간다. 중국인의 고령자를 존중하는 관행을 보고 미국 노년학 석학 G. Streib는 중국인은 노인을 만나면 '자동적'으로(automatically) 존중한다고 했다. 다수 중국인들은 노부모를 요양원에 보내는 것을 불명예스러운 처사로 낙인찍는다고 한다(왕웬양, 2011). 중국의 형법(1980 제정)은 부모를 저버리는 성인 자녀는 5년 이하의 형을 받도록 규정하였다. (앞서 논한 바와 같이) 중국의 노인권익

보장법은 고령자 돌봄에 있어 가족이 중심적 역할을 하도록 규정해 놓았다. 즉 거택안락(居宅安樂 고령자가 가정에서 안락하게 생활토록 지원함) 정책을 새워 가족중심의 고령자 돌봄을 촉진하고 있다(Du, 2013; 고추란, 2014).

위와 같이 산업화된 한국을 비롯한 동아시아 나라들에서 일어나고 있는 실상은 문화적 저항(文化的 抵抗)을 나타내는 현상이라고 볼 수 있다(Cogwill & Holmes, 1972). 즉 산업화에 따른 사회구조의 변화 속도에 비해서 노부모를 돌보는 기능이 느리게 변하고 있는 현상이다. 이 기능이 이렇게 느리게 변하는 것을 보아 한국을 비롯한 동아시아 나라 사람들은 앞으로 상당기간 서양 사람들과 다르게 전통적 문화적 가치-효-를 지속, 발현하며 노부모·고령자를 돌보아 나갈 것으로 본다.

3

부모자녀 간의 돌봄

1) 서로 의존하며 돌보는 관계

서로 의존한다는 것은 가족, 친구, 가까운 이웃이 가지는 특별한 인간적이고 사회적인 관계이다. 의존을 바람직하게 보지 않는 서양문화권 나라들과 달리 동아시아의 유교문화권 나라들에서는 부모와 자녀가 서로 의존하는 관계를 인간사회의 자연적인 현상이라고 본다(김낙진, 2004; 권중돈, 2019). 이 점에 관해서 신유학(新儒學)의 석학 두웨이밍(杜維明)은 다음과 같이 말했다(Tu, 1995).

> "나 한 사람은 나를 둘러싸고 있는 사람들이 나에 대해 동정심을 가지고 나의 존재를 인정해 줌으로써 나 자신을 실현할 수 있다. 이 세상의 모든 것들은 서로 의존하면서 서로에게 영향을 미치고 있다. 모든 것들은 다른 것들의 쓸모가 됨이 본질적 성품이다. 즉 다른 것들의 삶에 기여함으로써 자체의 존재이유를 갖게 되는 것이다"(Tu, 1995).

이 말은 사람은 홀로 살아가는 것이 아니라 다른 사람과 어울려 서로 돌보는 사회관계를 이루면서 살아간다는 것이다. 이렇게 서로 의존하면서 살아가는 관습은 유교문화권 사람들의 공통적인 특색이라고 본다.

어려서부터 밀접한 인간관계가 진행되는 가족중심적 '우리'의 사회망 속에서 성장한 한국인은 서로 의존하는 생활방식과 행동양식에 길들어 있다. 한국인은 서양 사람들같이 개인주의적 자기지향보다는 가족을 포함한 집단에 속하면서 '우리' 의식을 가지고 다른 사람들과 서로 의존하면서 나를 실현하는 성향을 갖는다(신용하, 2004; 김낙진, 2004).

서로 의존하면서 돌보는 관계는 부모와 자녀 간에 생애주기에 따라 진행되는 다음과 같은 호혜적 돌봄을 보면 잘 알 수 있다. 어린이는 그의 성장과정을 통하여 부모로부터 사랑, 존중 및 측은지심으로 정서적 돌봄은 물론, 의식주를 비롯한 일용품, 탁아, 병간호 등 수단적 돌봄을 받으면서 전적으로 부모에게 의존하면서 자란다. 이들은 소년·청년기에 들어서도 자기존중, 자기신뢰, 애정관계를 높이려고 부모를 비롯한 가족원들에게 의존한다. 이어 노령기에 접어들어 사회적 및 신체적으로 어려워진 다수 노부모는 성장한 자녀에게 의존하게 된다. 위와 같이 부모와 자녀 간에 생애주기에 따라 상호 의존하면서 서로 돌보는 호혜적 관계가 이루어진다.

특정한 문화적 맥락에서는 부모자녀 간의 의존도가 더 높다. 한국을 포함한 동아시아 나라들의 경우가 그러하다(도성달, 2013; Roland, 1989; Streib, 1987). 이런 관계는 의존을 비정상적인 사회관계로 보는 서양문화에서의 인간관계와 대조된다.

부모자녀 관계에 대한 다수 연구조사들은 세대 간 서로 돌봄에 관한 주제를 다룬다. 그런데 이 조사들은 자녀가 부모를 돌보는 데 논의를 집중하고 있다. 이것은 일방적인 시각에서 오는 것이다. 조사결과를 자세히 들여다보면, 자녀가 부모를 돌보는 데 못지않게 부모가 자녀를 돌보는 사례가 많은 것이다. 이러한 사실을 보아 세대 간의 서로 의존하면서 서로 돌보는 관행은 결코 일방적이 아닌 양방향적으로 서로 돌보는 호혜적 행위라는 시각을 가질 필요가 있다.

퇴계는 향촌 사람들이 자주적으로 서로 돌보는 사회체계로서 앞서 소개한 향약(鄕約)을 입조해서 운용하였다. 즉 지역주민이 서로 의존하면서 하나의 '우리'를 이루어 자율적으로 서로 돌보며 공동의 복지를 추구하였던 것이다. 퇴계는 오늘의 우리가 희구하는 서로 돌보는 지역복지증진 방법을 이미 오래전에 실행한 것이다(나병균, 1985; 정순목, 1990; Netting et al., 2016).

퇴계가 그의 저서 성학십도(聖學十圖)에서 제시한 일련의 가르침은 서로 돌보는 상호 의존적 관계의 윤리 도덕성을 소상히 해명하는 내용이라고 본다. 현대의 연구자들도 한국이 포용된 동아시아문화에서는 상호 의존하는 생활방식을 유지하는 경향이 현저함을 지적하고 있다(김낙진, 2004; Tu, 1995; Kim et al., 1994; 송성자, 1997; Roland, 1989; De Vos, 1988).

다수의 노부모들은 노령기에 흔히 본의 아니게 자녀에게 의존하는 처지에 놓이게 된다. 자녀의 의존을 받아 주던 관계에서 그들에게 의존하는 처지로 전환하는 것이다. 연령이 높아져 의존성이 증가할수록 자녀와 동거하는 비율은 높아지는 경향이다. 2000년 초에 65~69세 동거 23%; 70~79세 동거 33%; 80세 이상 동거 42%이던 것이 2019년에 이르러서도 비슷한 동거현상을 보이고 있다(권중돈, 2019: 223). 이 자료가 시사하듯이 비교적 많은 성인 자녀들이 의존적인 형편에 있는 노부모의 사정을 수렴하여 부모에 대한 정 때문에, 자녀의 의무로서 이분들과 동거하거나 내 집 가까이 모시는 사례가 많은 것이다.

노부모·고령자들의 대다수는 노령기에 들어 자원해서 또는 본의 아니게 자녀로부터 정서적 및 수단적 돌봄을 받게 된다. 저자의 사회적 지원망 조사에 의하면, 노부모의 91%가 어려울 때 제일 먼저 찾는 곳이 가족이다(성규탁, 2016). 그리고 자녀와 떨어져 사는 노부모의 다수가 병약해지면 자녀와 가까운 곳으로 이전하거나 자녀와 동거하게 된다. 의존을 병으로 보는 서양 사회에서도 다수 고령자들은 성인 자녀와 가까운 데로 옮겨 와 살거나 함께 살면서 여생을 보낸다(Connidis, 2009; Queresi & Walker, 1989).

이러한 동서양의 실상을 보아 노부모와 성인 자녀 간의 돌봄을 둘러싼 상호 의존관계는 자연적인 또는 부득이한 현상이라고 하지 않을 수 없다. 다만 의존하는 정도의 높고 낮음, 그 기간의 길고 짧음, 그리고 정서적 돌봄과 수단적 돌봄의 어느 것을 더 많이 또는 더 적게 필요로 하는가의 차이가 있을 따름이다.

[주: 한국고령자의 다수(79%)는 노령기에 자녀와 함께 살 의사가 없다는 의견을 표시한다고 함(보건복지부, 2014). 하지만 이런 의견은 부모가 비교적 젊고 건강할 때 가질 수 있는 희망적인 것이라고 봄.]

개개 가족의 생활형편과 자조능력이 다르기는 하지만, 한국 가족의 공통점은 가족원들 사이에 떨어져 살면서도 위와 같은 서로 의존하면서 서로 돌보는 관계가 지속되고 있으며, 서로의 안녕과 가족의 번영에 대한 책임을 나누어 가지는 성향이 짙은 점이다(최재석, 2009; 신용하, 2004; 송복, 1999; 도성달, 2013; 성규탁, 2017).

최재석 교수는 한국가족연구에서 위와 같은 성향이 소멸되었다는 증거는 나오지 않고 오히려 그러한 전통적 가치가 남아 있다고 했다. 신용하 교수는 부모자녀가 서로 의존하며 돌보는 효의 관습을 세계적으로 자랑할 수 있는 문화적 자산이라고 했다.

2) 서로 존중하며 돌보는 책임성 있는 호혜적 관계

퇴계는 인(仁)을 실현하는 효는 부모의 자녀를 위한 돌봄과 자녀의 부모를 위한 돌봄과 서로 연결되어 있음을 다음과 같이 가르쳤다.

> "부모가 자녀를 사랑하며 돌보는 것을 자(慈)이고, 자녀가 부모를 존중하며 돌보는 것은 효(孝)이다"(퇴계집, 무진육조소 6~7).

이어 퇴계는 자(慈)와 효(孝)의 상호관계를 다음과 같이 밝혔다.

> "자와 효의 도리는 인간이 본디 가지는 천성(天性 하늘이 주신 성품)에서 나온 것으로서 모든 착함의 으뜸이니, 그 은혜가 지극히 깊고, 지켜야 할 도리로서 지극히 무거우며, 그 정(情)이 가장 절실하다"(퇴계집, 무진육조소 6).

한국인에게 특유한 이러한 정(情)은, 앞서 논한 바와 같이, 친밀감을 갖게 하고, 따스하고, 계산하지 아니하고, 보답을 요구하지 아니하는 호의적 심리, 상대방이 직면하는 문제에 대해 염려하면서 개입해서 돌보아 주려는 성향, 더욱이 존중과 애정 그리고 측은지심을 두루 담고 있다.

대유학자 율곡(栗谷 李珥)도 위의 퇴계의 말과 같은 가르침을 남겼다.

"남의 아버지가 된 자는 그의 자녀를 사랑할 것이요, 자녀는 부모 은혜를 잊지 않고 효를 해야 한다"(이이, 율곡전서, 권27, 擊蒙要訣).

이와 같이 대유인들은 다 같이 가족을 중심으로 부모와 자녀는 서로 사랑하고 존중하며 서로를 돌보아야 할 책임이 있음을 가르쳤다. 즉 부모와 자녀 사이의 돌봄을 주고받을 호혜적(互惠的) 관계와 서로 돌볼 책임(責任)을 역설한 것이다.

이런 부모자녀 관계에 대해 사회학자 최상진(2012: 253)은 다음과 같이 설명하고 있다. 부모와 자녀가 혈통(핏줄)을 같이 함으로써 자연적으로 발생하는 인정(사람의 정)은 처음에는 부모로부터 시작되나, 성장하면서 사회화되는 과정에서 자녀는 부모를 중시하는 심정을 간직하게 되고, 이어 이러한 심정은 부모자녀 간에 정을 주고받는 식으로 교환되며 이 교환이 점차 강화된다. 이 과정에서 자녀는 노부모에 대한 단순한 정과 친밀감의 차원을 넘어 고마움, 송구스러움, 안타까움 등을 느끼는 동시에 보은의식(은혜를 갚고자 하는 마음)을 갖게 되며, 한편 부모는 자녀에 대해 측은지정과 더불어 친밀감으로 충만한 혈육의식을 가지게 된다.

부모자녀 관계는 이러한 자연적이고 끊을 수 없는 친함과 깊은 정을 바탕으로 하는 감정적 유대로 이루어진다. 이런 특수한 관계에서도 부모와 자녀는 서로가 마땅히 지켜야 할 규범을 따른다. 이 규범의 대표적인 것이 퇴계가 역설한 서(恕)의 원칙이다.

부모와 자녀 간에도 이러한 서의 원칙이 적용됨은 말할 것도 없다. 자녀는 부모에게 그리고 부모는 자녀에게 서로 도움이 되는 것, 서로 바라는 것, 서로 바람직하다고 보는 것을 자진해서 너그럽게 주고받는 것이다. 즉 존중과 돌봄을 주고받는 인간중시적인 호혜적 관계이다. 이 관계의 저변에는 퇴계와 율곡이 가르친 바와 같이 서로가 존중하며 서로 돌보아야 할 책임이 깔려 있는 것이다.

부모와 자녀는 다같이 이러한 책임으로부터 자유로이 벗어날 수 없다. 그렇게 할 자유가 있다고 해도 그것은 제약적이고 비윤리적인 것이다.

3) 부모의 자녀 돌봄

위에서 자녀가 부모를 돌보는 데 대하여 논하였는데 반대로 부모가 자녀를 돌보는 데 대해서도 알아볼 필요가 있다. 부모자녀 간의 호혜적 관계를 살펴보려는 것이다.

부모의 자녀 돌봄은 자유(慈幼, 부모가 어린이를 사랑함)에 해당한다. 어리고 연소한 자녀를 사랑하고 존중하며 측은지심으로 돌보아야 하는 부모의 의무를 수행하는 것이다.

부모는 자녀를 '출산'하여 '양육'하는 인생 최대의 은혜를 자녀에게 베푼다. 즉 아기를 출산해서 성인으로 성장시키는 오랜 기간에 걸쳐 양육, 사회화, 도덕성 개발, 교육지원을 해 나간다.

유교경전에는 어린이에 관한 구절이 드물다. 그러나 조심스럽게 살펴보면, 어린 사람들과 관련된 가르침이 은유적 또는 간접적으로 수록되어 있음을 알 수 있다. 특히 도덕성 개발과 관련된 것이다.

유교는 가족원들의 도덕성 개발을 중요시한다. 어린이도 가족의 구성원으로서 도덕성 개발의 대상이 됨은 물론이다. 도덕성은 부모와 자녀 간의 상호관계 속에서 싹튼다. 부모의 자녀에 대한 사랑과 존중은 자라나는 자녀로 하여금 부모를 사랑하고 존중하는 친사회적(親社會的) 반응-도덕성-을 이루도록 이끈다(이희경, 2010: 161; 김인자 외, 2004). 이런 과정을 통해서 도덕성을 함양하는 결과를 가져올 수 있는 것이다(Rice, 1984: 481-494).

도덕성을 갖춘 자녀는 장래 부모를 비롯한 가족원은 물론 이웃과 공동체 성원들의 삶의 질(質)을 고양하는 긴요한 역할을 하게 된다(김인자 외, 2008: 646).

퇴계는 "인은 만물을 낳고 살게 하는 마음이고 따뜻하게 남을 사랑하고 모든 것을 이롭게 하는 마음이며 측은한 마음"이라고 했다(퇴계집, 차자 인설). 이 만물 속에는 어린이와 젊은이가 포함되어 있음은 자명한 일이다.

자녀는 가족의 중요한 구성원이다. 가족은 돌아가신 선조님, 생존하시는 부모님, 부모님 대를 이을 자녀, 앞으로 태어날 후손으로 이어지는 연속된 체계를 이루고 있다. 이 가족의 연속선 위에서 자녀는 연결고리 역할을 하는 불가결한 존재이다. 모름지기 부모는 이러한 자녀의 성장을 위해 자기들의 정력과 재력을 바쳐 깊은 사랑과 측은지심으로 돌보아 나간다.

부모는 자녀를 조건을 붙이지 않고 사랑한다. 자녀는 그들의 가장 귀중한 산물이기 때문이다. 자녀는 몸이 다를 뿐 그들(부모) 자신과 같다고 믿는 것이다. 예술가가 작품을 완성하고서는 그 작품을 자기를 재현한 것이라고 애착하며 소중히 여기는 것과 흡사하다. 아니 부모자녀 간의 관계는 이보다도 훨씬 더 오묘하고 애절하며 절실한 것이다.

서양의 철학자들도 부모 사랑의 특수성을 지적하였다. Aristoteles는 부모의 자녀에 대한 사랑은 바로 자신들에 대한 사랑이라고 했고, Hegel도 자녀에 대한 사랑은 부부 자신들 간의 사랑과 같다고 했다.

이 선현들의 말은 부모와 자녀 사이에는 애정, 존중, 측은지심 및 서로 이루어지는 깊은 '서로 돌봄' 관계가 필연적으로 이루어짐을 시사한다.

부모는 자녀를 낳음으로써 가장 귀중한 몸과 생명을 그들에게 제공한다. 부모는 낳은 아이를 장기간에 걸쳐 다양한 유형의 정서적 및 물질적 돌봄을 조건을 붙이지 않고 대가를 바라지 않으면서 제공한다.

한국 부모의 자녀에 대한 애정은 별나다. 한국의 부모자녀 관계는 서양인들 사이의 개별적이고 독립적인 관계와 대조된다. 즉 한국의 부모자녀 관계는 위에서 지적한 바와 같이 동일체감(同一體感, 같은 몸이라고 생각함)을 바탕으로 하고 있다. 자식과 부모를 한 몸이라고 보는 생각이다. 이러한 생각에서 부모의 기쁨과 고통은 곧 자녀의 기쁨과 고통이며 그 반대방향도 같다고 보는 것이다(최상진, 2012: 251). 즉 이 관계에서는 상대의 기쁨이 나의 기쁨이요, 상대의 아픔이 나의 아픔이 되는 것이다.

흔히 한국 부모는 자식을 다섯 손가락에 비유하여 자식이 불행이나 고통을 겪을 때 부모는 자신의 손가락을 다쳐서 느끼는 고통으로 비유한다. 이는 부모자녀의 동일체의식을 암시적으로 알려 주는 것이다(최상진, 2012: 251).

혈통을 같이하는 데서 발생하는 깊은 정은 영아기-아동기에는 부모로부터 시작되나, 자녀가 자라나면서 사회화되는 과정에서 자녀가 부모에 대한 관심을 가지고 걱정하는 도덕적 심정을 마음속에 간직하게 되고, 이어 성인이 됨에 따라 이러한 심정은 부모자녀 간에 서로 돌봄을 주고받는 호혜적 관계로 진전하게 된다(김인자 외, 2008).

이러한 변화 과정에서 자녀는 노쇠해지는 부모에 대해서 단순한 친밀감의 차원을 넘어 고마움, 송구스러움, 안타까움을 느끼는 동시에 부모 은혜를 갚으려는 보은의식(報恩意識)을 갖게 되고, 부모는 자녀에 대해서 측은지심으로 돌보려는 혈육의식(血肉意識)을 간직하게 된다(최상진, 2012: 253).

자유(慈幼 어린 사람을 인자하게 돌봄)는 바로 이러한 부모와 자녀 간의 서로 돌보는 호혜적 관계에 바탕을 두는 것이다.

이러한 부모자녀 간의 호혜적 관계의 실례를 들어 보고자 한다. 다음의 3가지 실례에 대해서 약술하고자 한다.

(부모가 하는)
 * 출산 및 영아기 돌봄
 * 아동기의 도덕성 기름
 * 성장과정의 돌봄

〈출산 및 영아기 돌봄〉

어머니가 아기에게 베푼 10가지의 특수한 돌봄을 들어 보고자 한다(참조: 부모은중경 父母恩重經). 아기를 출산하기 전과 후에 어머니가 베푼 말로 다 표현할 수 없는 커다란 돌봄이다.

[어머니가]

1. 10개월간 신체적으로 어려움을 겪으면서 잉태한 태아를 배 속에 지켜 주신 은혜
2. 아이를 낳으실 때의 고생, 즉 뼈가 산산조각 날 정도의 고통을 받으신 은혜
3. 태어난 아이의 울음소리를 들으시고 모든 고생과 근심을 홀연히 잊어버리시는 데 대한 은혜
4. 쓰고 맛이 없는 것은 자신이 먹고, 달고 맛이 있는 것은 뱉어 내어 아이에게 주신 은혜
5. 많은 양의 젖을 먹여 주시며 키워 주신 은혜
6. 아이가 대소변을 싸서 이불을 적시면 마른 데로 아이를 돌리고 자신은 젖은 곳에서 주무신 은혜
7. 아이의 대소변을 씻어도 더러운 냄새를 싫어하지 않으신 은혜
8. 자식을 위해 할 수 있다면 스스로 악업을 만들어 지옥에 떨어지는 것도 사양치 않으시는 은혜
9. 아이와 떨어져 있을 때 밤낮으로 걱정해 주신 은혜
10. 평생 동안 자신의 몸을 바꾸어서라도 자식을 보호하려고 하시는 은혜

위와 같이 어머니가 아기를 잉태하여 출산할 때 겪는 심신의 고뇌와 희생은 이루 다 형용할 수 없을 뿐만 아니라 출산 후에도 오로지 자식의 편의와 안전을 위해 자신의 몸을 희생한다.

[주: 불교에서는 아버지의 은혜를 어머니의 이러한 은혜와 동등하게 보고 있음.]

이러한 돌봄을 베푼 부모와 돌보아진 자녀 사이에는 깊고 막중한 사랑, 존중, 측은지심 및 서로 이루어지는 돌봄 관계가 자연적, 필연적으로 발생하여 지속된다.

이 세상에서 가장 귀중한 몸을 제공해 준 부모는 항상 마음속 깊이 자녀가 병이 없이 오래 살기를 염원한다(논어, 위정 6). 이런 간절한 소원은 오직 부모만이 가질 수 있는 한없이 깊고 두터운 정에서 우러나는 것이다.

〈아동기의 도덕성 함양〉

부모는 자녀의 도덕성 발달에 가장 커다란 영향을 미친다(이연숙, 2011; 김경희, 2003; 임진영, 2003; 심미옥, 2003). 아동의 성장(신체적, 정서적, 언어적, 인지적 및 사회적)을 도우면서 이들의 자신과 타인에 대한 지각을 발달시키고, 사회에 올바르게 적응하도록 바람직한 가치관과 사회적 기법을 배우도록 이끈다. 즉 아동이 자기들 품안에서 자라나기 시작할 때부터 도덕적 판단과 욕구 충족의 기준을 세워 나가도록 칭찬하고, 타이르고, 벌을 주며 이끌어 나간다(임진영, 2003; 김경희, 2003). 이렇게 이끌어진 아동은 효를 하는 마음의 싹을 품기 시작하게 된다(이희경, 2010; 김인자 외, 2008).

이어 학교에서 도덕성을 개발하기 시작한다(김인자 외, 2008). 점차 법과 질서를 따르게 되고 주어진 역할과 책임을 수행하게 된다. 자신의 감정과 욕구를 조절하고, 다른 사람의 감정에 공감하며, 다른 사람의 욕구를 충족해 주기도 하며 친사회적이고 도덕적인 행위를 경험하고 배우게 된다(이희경, 2010; 김인자 외, 2008).

학교를 거쳐 넓은 사회의 일원이 되면, 사회공동체의 법과 규칙을 배워 준수하게 된다. 다른 사람들과 함께 살기 위해서 사회생활을 하는 과정에서 비롯된 약속을 지키게 된다. 자기도 소중히 여기지만, 남도 소중히 대하는 사람 존중의 마음, 함께 사는 공동사회를 소중히 여기는 마음을 간직하게 된다(교육과학기술부, 2011-361호).

부모는 아동의 발달 초기부터 위와 같이 이들이 도덕적 성품을 간직하는 데 이르기까지 필요불가결한 역할을 한다(김경희, 2003; 임진영, 2003; 김인자 외 2004).

부모에 대한 효심은 이러한 부모가 제공하는 돌봄에 대한 자녀의 자연적인 반응이라고 본다(장현숙, 옥선화, 2015; 최상진, 2012).

〈성장과정의 지원〉

위와 같이 자녀는 부모로부터 태어나서 애착기를 지나 친사회적(親社會的)이 되고 도덕성이 발달하기 시작하는 때까지 전적으로 부모의 돌봄으로 살아 나간다. 이때를 지난 뒤에도 독립된 가구를 구성할 때까지 부모와 동거하면서 식사, 주거, 의복, 보건, 의료, 교육, 교통, 통신, 레크리에이션 등 생활에 필요한 다양한 도움을 부모로부터 받으면서 성인으로 성장해 간다.

우리 문화에서는 자녀가 이렇게 부모에게 의존하면서 부모와 동거하는 것을 당연한 생활관습으로 보고 있다. 이러한 관습은 가족주의적이고 상호 의존적인 한국인의 성향의 발로라고 할 수 있다. 고등학교만 마치면 부모와 떨어져 사는 것을 자연적인 관행으로 삼는 미국인의 생활풍습과 대조된다.

자녀 양육은 부모가 책임져야 할 매우 커다란 과업이다. 이 과업을 수행하기 위해 부모가 지는 정서적 및 재정적 부담 또는 희생은 매우 크다. 특히 소득이 적은 계층의 경우가 그러하다.

다음은 자녀 양육을 위해 부모가 수행하는 책임과 부담에 대한 경험적인 자료이다.

〈부모의 자녀 양육〉

이 자료는 '자유(慈幼, 부모가 자녀를 사랑으로 돌봄)'에 해당되는 것이다.

두 가지의 자료를 바탕으로 부모가 주로 수단적(물질적)으로 돌보는 실례를 들어 보고자 한다. 물론 이런 물질적 돌봄은 부모의 자녀에 대한 애정, 존중, 측은지심 및 서-정서적 돌봄-를 바탕으로 이루어질 수 있다고 본다.

(1) 출생에서 대학 졸업까지의 양육

부모는 자녀를 이 세상에 태어나게 한 후 성인이 될 때까지 돌봄을 계속한다. 부모가 자녀 한 명을 양육하기 위해 부담하는 비용을 살펴보고자 한다.

출생해서 대학을 졸업할 때까지 드는 총비용이 2억 6천204만 원으로 나타났다(대한민국국회교육과학기술위원회, 2012; 한국교육비부담현황보고서, 2010년 기준).

양육단계별 지출액은 영아기(0~2세)는 2천466만 원, 유아기(3~5세)는 2천938만 원이다. 자녀가 학교에 들어가면 비용이 더 늘어나 초등학교(6~11세) 6천300만 원, 중학교(12~14세) 3천535만 원, 고등학교(15~17세) 4천154만 원, 대학교(18~21세) 6천812만 원이 되었다.

월평균 자녀 양육비는 영아 68만 5,000원, 유아 81만 6,000원, 초등학생 87만 5,000원, 중학생 98만 2,000원, 고등학생 115만 4,000원, 대학생 141만 9,000원으로 연령대가 높아질수록 더 많아진다.

돈이 들어가는 항목은 연령대별로 달랐다. 출생 직후 3년간은 분윳값 등 식료품비가 월평균 12만 2,000원으로 비중이 제일 높다. 초-중-고 교육기간에는 사교육비가 각각 28만 6,000원, 34만 1,000원, 33만 5,000원으로 지출항목 1위였다. 대학생은 교육비 (54만 1,000원)의 비중이 가장 컸다.

조사결과 전체 응답자(부모)의 99.5%는 자녀의 고교 졸업을 책임져야 하고, 89.9%는 대학 졸업을 책임져야 한다는 가치관을 가진 것으로 나타났다. '취업 때까지 책임져야 한다'는 응답은 전체의 40.3%, '혼인 때까지'라는 응답은 28.1%였다.

김승권 보건사회연구원 선임연구위원은 "우리나라 부모들은 자

녀 양육에 과도한 책임을 지고 있다"고 했다(대한민국국회교육과
학기술위원회. 2012년 10월 24일).

위의 자료는 자녀를 양육하는 과정에서 부모가 자녀에게 베푼
애정, 존중 및 측은지심의 정서적 돌봄은 포함되어 있지 않다. 장
기간의 생애과정에서 위와 같은 양육비를 부모가 부담케 한 원동
력은 곧 부모의 자녀에 대한 특수한 사랑, 존중 및 측은지심의 발
현이라고 볼 수 있다.

(2) 성인 자녀를 위한 지원비

한국 부모는 성장한 자녀에게도 재정적 돌봄을 제공한다. 한국
보건사회연구원(2016)이 발표한 '가족형태 다변화에 따른 부양체
계 변화전망과 부양분담 방안'(책임연구원 김유경)에 관한 조사에
서 만 25세 이상 자녀를 가진 40~64세 부모 262명 중 39%가 성
인 자녀에게 경제적 지원을 하고, 일상생활에서 도움을 주었음이
알려졌다.

부양을 받은 25살 이상 성인 자녀의 87%는 미혼이었고, 취업자
59%, 비취업자 28%, 학생 13% 등으로 나타났다. 이 자료는 많은
부모들이 취업하고 있는 미혼 성인 자녀를 돌보고 있음을 알리고
있다. 이 부모들의 68%는 돌보아지는 성인 자녀와 함께 살고 있었
다. 1년간 성인 자녀 돌봄에 든 비용은 월평균 73만 7,000원이었다.

돌봄의 어려움으로는 돌봄 비용 부담(39%)을 첫손으로 꼽았
고, 그다음으로 자녀와의 갈등(30%), 개인 및 사회생활 제약
(10%) 등이 지적되었다. 67%는 1년 내내 성인 자녀에게 경제적
지원을 했다.

지난 1년간 성인 자녀에게 정서적 도움을 포함한 일상생활에 도움을 준 빈도에 대해서는 56%가 '거의 매일'이라고 답했다.

이상 두 가지의 보기들은 부모의 자녀 돌봄의 실상을 설명하는 경험적 자료이다.

이러한 돌봄 외에도 자녀는 성장과정에서 다양한 유형의 크고 작은 물질적(재정적) 도움(예: 일용잡비, 교통비, 의료비, 레크리에이션비 등)을 수많은 횟수에 걸쳐 받았을 것이다.

위와 같은 돌봄을 받은 자녀는 사회적 기대에 맞게 행동하기 시작하며 고령의 부모를 존중하며 돌보려는 효심을 마음속에 품게 되는 것이다.

<u>4</u>

가족적 효의 실행

위와 같은 돌봄을 베푼 노부모들의 다수는 고령이 됨에 따라 성장한 자녀와 지리적 거리를 두고 따로 살게 된다. 이 고령의 부모들에게 (성인 자녀는 물론) 부부, 형제자매, 친척 그리고 가까운 친구 및 이웃과의 정다운 관계는 매우 긴요하다.

대개의 경우 고령자와 부부, 형제자매, 친척, 친한 친구 및 이웃은 감정적 유대관계를 갖고 기초적 욕구를 충족하기 위해 서로 의존하면서 돌보아 나가는 경향이 짙다. 다음 절에서 논하는 바와 같이 고령자와 성인 자녀가 별거하는 새 시대에는 이들과의 서로 돌보는 유대관계는 매우 긴요하다. 이러한 관계는 가족적 효 기능을 보완, 증진할 수 있기 때문이다.

〈노부모를 지원하는 소집단〉

친척과 함께 친구, 이웃, 상조집단은 노부모·고령자에게 특정한 돌봄을 제공할 수 있다(<표 1>).

자녀(형제자매)의 돌봄 능력이 약하거나 돌보아 주는 가족이 없는 고령자는 가족 바깥에서 제공하는 여러 가지 사회적 돌봄서비스를 필요로 한다. 대개의 경우 도움이 필요한 노부모에게는 성인 자녀 외에 때때로 또는 자주 도와주고, 방문해 주며, 심부름해 줄 수 있는 개인과 그룹 또는 교회/사찰그룹, 상조집단 등이 주변에 있다.

이들은 성인 자녀의 노부모 돌봄 기능을 보완하고, 돌보지 못함으로써 생기는 문제를 예방, 해소하는 역할을 할 수 있다. 어려움에 처해 있는 노부모·고령자의 안녕과 생활만족도를 높이고, 고독과 소외문제, 생활위기 등 문제를 극복하도록 돌보아 줄 수 있다.

이들이 제공하는 돌봄서비스의 유형은 정보제공, 안내, 충고, 친구가 되어 주는 것, 어려움이 있을 때 돌보아 주는 것, 전문적 돌봄서비스를 받도록 돕는 것 등을 포함한다.

<표 1> 가족 이외의 돌봄 제공자

관계	구 성 원	비 고
친척	사촌, 숙부모, 조카	다른 가구 구성원
이웃	이웃집, 같은 마을주민	이웃, 마을사람
친구	믿는 친구, 직장동료	이웃이 아닌 사람
집단	종교단체, 상조협회	그룹 및 구성원

⟨가족중심적 돌봄 제공자⟩

[부모와 자녀]

먼저 자녀의 노부모를 위한 돌봄에 대해 알아보고자 한다. 성인 자녀는 노부모를 존중하고(敬老) 돌보면서(孝親) 가족적 효를 행한다. 이렇게 효·경로효친을 실행하는 실상은 부모자녀 간에 생애주기에 따라 진행되는 돌봄과정을 보면 알 수 있다.

앞서 거론한 바와 같이 어린이는 부모로부터 의식주를 비롯한 일용품, 탁아, 병간호 등 물질적 돌봄을 받으면서 전적으로 부모에게 의존하면서 자란다. 이들은 소년-청년기에 들어서도 자기존중, 자기신뢰, 애정관계를 높이려고 가족원들에게 의존한다(김경희, 2003; Simmel, 2008). 한편 대다수 부모는 고령기에 접어들어 사회적 및 신체적으로 어려워지면 자녀에게 의존하게 된다. 이와 같이 유아기와 노년기에는 생존 그 자체를 위해 부모자녀 간에 상호의존적인 서로 돌봄 관계가 이루어진다.

노년기의 부모는 친족의 핵가족들로 이루어진 가족망 안에서 발전된 통신 및 교통수단을 통해 상호 연계되어 필요할 때 돌봄을 받는다. 어려움을 당해 자기 능력으로 해결 못 하는 병약한 노부모를 돌본다는 것은 어느 문화에서나 지켜야 할 윤리적 규범이다. 특정한 문화적 맥락에서는 노부모와 성인 자녀 간의 의존도가 더 높고 그러한 규범도 비교적 더 강하게 지켜지고 있다. 한국을 포함한 동아시아 나라들의 경우가 그러하다고 보고 있다(신용하, 2004; Streib, 1987; De Vos, 1988).

다수의 노부모들은 노년기에 건강을 잃고, 소득이 없어지고, 배우자가 사망하고, 친구들이 세상을 떠남에 따라 성인 자녀에게, 흔히 본의 아니게, 의존하는 처지에 놓이게 된다. 즉 여러 해에 걸쳐 자녀의 의존을 받아 주던 관계에서 그들에게 의존하는 처지로 전환하는 것이다.

이들은 동거 및 별거하는 자녀로부터 경제적 지원(현금지원, 가사지원)을 받으며(56~60%), 간병·수발과 심리적 돌봄을 받고 (34~71%) 있다(한국보건사회연구원, 2016). 이와 같이 다수 성인 자녀는 노부모를 위한 주된 가족적 효행자로 되어 있다.

[별거하는 자녀가 노부모를 돌보는 데 관해서 아래 제5절에서 논의한다.]

통계자료에 의하면, 고령자의 연령이 높아져 의존도가 높아질수록 자녀와 동거하는 비율이 높아진다(65~69세 동거 23%; 70~79세 동거 33%; 80세 또는 이상 동거 42%)(권중돈, 2016: 222).

위의 자료가 시사하는 바와 같이 상다수의 성인 자녀는 의존적인 부모의 사정을 수렴하고 자녀의 의무로서 그리고 부모에 대한 정 때문에 이분들을 돌보는 경향이다(한국갤럽, 2011.1.31.; 김미혜 외, 2015; 이준우, 서문진희, 2016).

우리나라 고령자들의 대다수는 자원해서 또는 본의 아니게 자녀로부터 다소간의 정서적 및 수단적 도움을 받고 있다(김미혜 외, 2015). 저자의 사회적 지원망 조사에 의하면, 고령자의 91%가 어려울 때 제일 먼저 찾는 것이 가족이다(성규탁, 2019). 그리고 성인 자녀와 멀리 떨어져 사는 부모들의 다수가 병약해지면 자녀와 가까운 곳으로 이사하가나 이들과 동거하게 된다(권중돈, 2019). 앞서 지적한 바와 같이 의존을 병으로 보는 서양 사회에서도 대다수 노부모들은 병약해지면 성인 자녀와 함께 살거나 그들 가까이로 옮겨 와서 여생을 보낸다.

위와 같은 동서양의 실상을 보아 부모자녀 간에 상호 의존하면서 서로 돌보는 관계는, 특히 고령기에 들어선 노부모에게는, 자연적인 또는 부득이한 현상이라고 볼 수 있다. 다만 의존하는 정도의 높고 낮음, 그 기간의 길고 짧음, 정서적 돌봄과 수단적 돌봄 그리고 가족적 돌봄과 사회적 돌봄의 어느 것을 더 많이 또는 적게 필요로 하는가의 차이가 있을 따름이다.

부모가 제공하는 돌봄에 전적으로 의존하며 자라난 성인 자녀는 이제 고령의 부모를 돌보는 역할을 수행하게 된다. 생애주기에 따른 돌봄 역할의 전환이 일어나는 것이다. 이러한 생애주기에 따른 변동이 있기는 하나 부모와 자녀 사이의 서로 돌봄 관계는 지속된다. 그리하여 고령의 노부모(조부모도 물론)가 일단 돌봄이 필요하게 되면 제일 먼저 (손)자녀를 찾아 돌봄의 손길을 기대하게 된다. 사회적 지원망에 대한 저자의 조사에서도 이와 같은 결과가 나왔다(성규탁, 2016).

새 시대에는 손자녀의 핵가족들과 부모의 핵가족이 사회적 망을 이루어 서로 의존하면서 서로 돌보아 나가고 있다(김영범, 박준식, 2004; 성규탁, 2017). 가족적 효행집단의 자체 돌봄의 실상이고 장점이다.

딸이 곤경에 빠진 병약한 노부모를 자기 집으로 모셔 와서 마치 자기의 자녀를 돌보는 것같이 애정, 존중, 측은지심으로 극진히 돌보아 이분들이 보람 있는 여생을 보내도록 한 가족적 효의 미담을 생각하게 된다(효도실버신문, 2018.8.13.).

[형제자매]

퇴계는 형제간 우애도 부모자녀 간 효와 같이 인을 발현하는 덕목임을 밝혔다(성학십도, 인설). 퇴계는 "무릇 천하의 나이 많은 사람은 모두 나의 어른인데, 내 어찌 나의 형을 섬기지 않을 수 있겠는가"라고 하여 형제간 유대관계를 사회성원들과의 관계에 못지않게 중요시했다(금장태, 2001: 228).

형제자매 간의 윤리를 형우제공(兄友弟恭)이라고 하여 형은 동생을 우애로써 돌보며 아우는 형을 존중하고 따를 의무를 가르치고 있다.

형제자매는 같은 부모로부터 태어나 혈연관계를 맺어 서로에게 친밀감을 느끼고 깊은 우애를 가지며 자라난다. 이들은 자라나면서 함께 보낸 세월을 회상하며 가정생활에 대한 긍정적인 기억을 더듬어 간다. 정서적 및 물질적으로 서로 돌보고, 안내와 자문, 보호와 지원을 해 준다. 가족의 역사를 공유하며 평생 동안 친밀한 유대관계를 이어 간다.

그동안 인구감소와 맞물려 형제자매 수가 줄어 형제자매 간의 깊은 정을 느끼지 못하며 자라나는 세대가 늘어나고 있다. 그리고 전통적 가족제도의 문제점이 깨끗이 가시지 않고 있다. 즉 남성우월주의, 출가외인 시각(여자는 결혼하면 시집에 소속되어 친정과의 관계가 멀어진다는 견해), 재산상속에 있어 딸을 차별하는 관습 등이다. 이러한 관습은 형제자매 간 서로 돌봄을 저해할 수 있다. 다행히 국가의 법적 조치와 새 시대의 생활 패턴에 따라 이런 문제들이 해소되어 가고 있다.

형제자매는 화합을 이루지 못할 경우가 있다. 예로 유산분배 문제로 대립하고, 연령 차이와 남녀 구별이 있고, 종교, 교육 및 직업의 차이가 생기게 된다. 그러나 이러한 대립, 차이 및 구별은 서로 간의 우애와 존중에 힘입어 조절될 수 있다.

고령의 형제자매는 어려움을 당하면 서로 돌보는 전통을 이어간다. 생일행사, 혼사, 졸업식, 기타 기념할 행사를 함께 축하하고, 장례, 조상제사, 성묘, 종친회 모임에 같이 참여하고, 질병, 사고 등 어려움을 당할 때 위문하고 돌보면서 친밀한 유대관계를 다져나간다. 가족적 효의 인간중시적 서로 돌봄이 이루어지는 것이다.

가족적 효행을 가족 전체로 확장할 때, 부부와 형수 및 시동생 사이의 다정한 돌봄 관계도 포함된다.

[부부]

부부관계는 애정, 존중, 친밀, 상호 의존, 신뢰로 연결된 특수한 관계이다(이여봉, 2017; 이혜자, 김윤정, 2004). 노년기에 접어들면 부부간의 서로 돌봄 관계가 더욱 중요하게 된다.

노부부는 함께 생의 만족을 즐길 뿐만 아니라 문제에 부딪히면 서로 위로하며 돌보아 나간다. 고령자에게는 동거하는 배우자가 주된 돌봄 제공자이다(62~82%)(권중돈, 2019). 은퇴기 행복의 높고 낮음은 상당한 정도로 부부간 서로 돌봄의 정도에 따라 결정된다고 본다.

배우자의 신체적 또는 정신적 손상은 심한 정신적 부담과 재정 문제를 일으킨다. 이런 경우 가족 바깥에서 행해지는 사회적 효는 매우 중요하다. 즉 가족 바깥의 사회적 돌봄으로 어려움을 극복하는 데 도움이 되는 돌봄서비스를 받을 수 있기 때문이다.

노령기에 접어든 부부는 돌봄을 주고받기 위해 자녀와 더욱 긴밀한 관계를 가지게 된다. 부모는 젊은 가족원들로부터 재정적 도움을 포함하여 교통편, 집수리, 장보기, 병원방문 등을 위해 도움을 받는다. 한편 다수 노부모도 여전히 자녀에게 정서적 및 재정적 돌봄을 해 나간다. 자녀를 돌봄으로써 부모는 성취감과 행복감을 가지게 된다.

일반적 편견과는 달리 노부모는 가족으로부터 버림받는 존재가 아니다. 대다수 노부모는 정기적으로 또는 자주 성인 자녀와 접촉한다. 부모와 자녀가 멀리 떨어져 사는 경우에도 서로 통화와 방문을 하고, 선물교환 및 재정지원을 하며 유대관계를 이루어 간다.

노부모는 자녀의 독립적 생활을 존중하는 한편 자신들의 취미와 활동에 힘쓰며 독자적 생을 꾸려 나간다. 시간이 나면 자녀들과 자신들의 장기요양, 긴급의료, 재산처리 및 사후장례에 대한 상의를 한다. 노부부가 건강이 나빠지고 인지능력을 잃게 되면, 먼저 가족원이 개입해서 돌보게 된다.

[친척]

노부모는 친척과도 돌봄 관계를 유지한다. 혈연으로 맺어진 내척 및 외척, 그리고 혼인으로 맺어진 인척에 속하는 친척이다. 친척은 노부모가 살아가는 데 힘이 되어 주며, 어렵거나 힘들 때 곁에서 버팀목이 되어 주는 사람들이다. '우리'라는 관념 속에 들어 있는 사람들이다. 가족중심적 효를 보완, 지원하는 중요한 자원이요, 힘이 되는 친지이다.

가족주의적 성향을 지적하는 친척중시태도가 여전히 널리 퍼져 있다(최재석, 2009; 김영범, 박준식, 2004; 최연실 외, 2015: 38-39).

친척은 사회적 지원망을 형성하여 서로 돌봄 체계를 이룬다(김낙진, 2004: 48). 혈연으로 엉켜진 친척이 서로 돌보는 집단을 이룬다는 것은 자녀와 떨어져 사는 노부모·고령자에게 매우 중요하다.

한국인은 친척과의 관계를 중요시한다(권중돈, 2019). 이 관계에 관한 다음 사항들에 대해서 모두 '매우 찬성' 또는 '찬성'하는 응답이 나왔다. 즉 '친척의 길흉사에 부조함', '어려운 친척을 돌봄', '중요한 결정을 할 때 친척과 의논함', '조상제사에 친척과 함께 참례함' 등이다(성규탁, 2017).

친척 간의 서로 돌봄 관계는 우리 사회에서 오랫동안 지속될 것으로 본다(최재석, 1994; 성규탁, 2017). 특히 친척이 관혼상제에 참례해서 정서적 및 재정적으로 돌보는 관행은 분명한 덕행이며 사회복지적 관점에서 중요하다.

어려움에 부딪힌 부모가 가족 외에 도움을 요청할 수 있는 사람은 친척이 손꼽힌다. 친척은 위와 같이 가족중심적 효를 지원, 보완하는 힘이 되고 있다.

[친구와 이웃]

형제자매와 친척이 노부모를 돌볼 수 없을 때 가까운 친구, 이웃 및 공익집단(상조그룹, 동우회, 계모임 등)으로 이루어진 비혈연적인 사회적 망이 돌봄의 손길을 뻗쳐 준다(김명일, 김순은, 2019). 이들은 정서적 지지, 충고, 안내, 정보제공, 물질적 원조, 필요할 때 친구가 되어 주는 것, 어려움이 있을 때 보살펴 주는 것, 전문적 돌봄서비스를 받도록 도와주는 것 등 노부모를 위한 돌봄서비스를 제공해 줄 수 있다. 이도 역시 가족적 효를 보완하는 역할이다.

5

별거하는 자녀와 가족적 효

우리의 가족생활에서 일어난 가장 커다란 변화로서 부모와 자녀가 별거하는 현상을 들 수 있다. 이런 변화는 가족적 효를 행하는 데 어려움을 자아낼 수 있다. 즉 다수 성인 자녀는 노부모와 떨어져 살고 있어 지리적 거리로 인해 가족적 효를 행하기가 어렵게 될 수 있는 것이다. 하지만 부모자녀 간의 애정, 존중, 측은지심, 서로 이루어진 감정적 유대관계는 강하여 떨어져 살면서도 여러 가지 대안을 찾아 가족적 효를 실행해 나가고 있다(신용하, 2004; 권중돈, 2019).

한국의 성인 자녀의 대다수가 가족행사와 명절에 고향을 찾아 노부모와 친족과 친밀한 유대관계를 유지하는 관행은 이러한 효행이 넓게 이루어지고 있음을 알리는 문화적 현상이다.

성인 자녀들의 주거형태를 두 가지로 나눌 수 있다. 하나는 가족원들이 함께 사는 경우(동거)이고 다른 하나는 떨어져 사는 경우(별거)이다.

가족이라 함은 한 가구 내에서 부모와 함께 사는 또는 따로 사는 결혼한 아들과 며느리, 결혼한 딸, 미혼자녀, 손자녀로 이루어진 가족을 말한다. 달리 말하면 부모의 핵가족, 아들의 핵가족, 딸의 핵가족, 손자녀의 핵가족으로 이루어진 서로 돌보는 가족망이다.

1) 별거와 부모 돌봄

우리는 지난 반세기 동안 전 세계에서 가장 많이 지리적 이동을 하였다. 지리적 이동은 핵가족화를 촉진하고 부모와 떨어져 사는 자녀 수를 증가시키는 주요인이다. 결과적으로 혼자 사는 노부모 와 배우자와 사는 노부모의 수가 많아졌다(보건복지부, 2014; 권 중돈, 2010: 25-39; 김익기 외, 1999: 103-109).

다수 성인 자녀는 직장, 교육, 결혼생활 때문에 부모와 떨어져 산다. 부모도 살기 편한 곳, 경제적으로 살 수 있는 곳, 의료시설 이 잘되어 있는 곳, 교통이 편리한 곳으로 옮겨 가며 자녀에게 폐 가 되지 않도록 거리를 두어 사는 사례가 늘고 있다.

떨어져 살면 물리적 거리는 물론 사회적 거리가 생길 수 있다. 떨어져 살면 가족원들 사이에 접촉, 대화 및 손끝으로 하는 돌봄 을 할 기회가 줄어든다. 사실 성인 자녀와 멀리 떨어져 사는 노부 모는 재정적, 보건의료적, 사회적, 심리적 부양문제를 이들과 동거 하는 경우보다도 더 많이 호소하는 경향이다(한국보건사회연구원, 2017; 권중돈, 2019).

하지만 (거리상으로 떨어져 살기는 하나) 대다수 성인 자녀들은 노부모와의 감정적 유대가 강하여 발전된 교통·통신 수단을 활 용하여 전화, 화상통신, 전자우편, 편지 그리고 방문을 해서 노부 모와 접촉하며 정서적 및 물질적으로 돌보아 나간다. 형편이 여의 치 않아 이렇게 하지 못하는 자녀는 친지 또는 돌보미가 돌보도록 하거나 복지시설에 위탁해서 돌보아 나간다.

다음에 떨어져 사는 성인 자녀가 노부모를 돌보는 현황을 살펴보고자 한다.

〈별거하는 자녀와 가족적 효〉

가족생활에서 일어난 가장 커다란 변화는 세대 간의 별거이다. 별거하면 서로 간의 접촉하는 횟수와 대화하는 기회가 줄어들고, 친근감과 애정을 나누는 시간이 짧아지며, 특히 고령의 부모를 돌보는 데 어려움이 많아진다.

그런데 떨어져 살아도 부모와 자녀가 서로 노력하면 바람직한 가족관계를 유지할 수 있다.

외국의 연구를 보면 부모자녀 간의 친밀성, 애정, 의무감은 거리의 길고 짧음에 상관없이 지속될 수 있다(Climo, 1992; Heath, 1993). 거리는 접촉 빈도를 줄이기는 하지만 부모자녀 간의 서로 돌봄 관계를 무너트리지는 못하는 것으로 보인다.

이 사실은 어릴 때부터 부모와 정이 들면 그것이 평생 변하지 않는다는 사실, 부모자녀 관계는 아무도 끊을 수 없는 특수한 관계임을 알려 준다. 앞서 논한 부자유친(父子有親)의 특수한 관계가 이루어져 나가는 것이다.

자녀에게 매우 어려울 때가 별거하는 노부모의 건강이 악화되거나 위독할 때이다.

<어려움의 극복>

별거하는 자녀가 시골에 남아 있는 노부모의 주된 부양자인 경우가 많다. 별거하는 자녀는 부모와 전화, 이메일, 화상통신, 편지를 하거나 방문을 해서 접촉하고, 돈, 생활필수품, 선물을 보낼 수 있다.

전화가 제일 많이 사용된다. 다음으로 방문이 따른다.

(1) 전화 통화

전화는 서로가 얼굴을 볼 수 없어 친밀하게 정을 나누는 데 한계가 있고, 흔히 짧게 이야기하기 때문에 노부모의 생활 전반에 걸쳐 알기가 어렵다. 하지만 자녀는 정기적 또는 수시로 통화를 하여 부모의 안녕을 살필 수 있다.

저자 주변의 노부모와 떨어져 사는 성인 자녀들 가운데 약 반은 일주일에 한 번 정도 부모와 통화하고 있다. 보통은 5분에서 10분 정도 통화한다. 부모의 건강이 나빠지면 전화를 자주 하게 된다.

상대편의 이야기를 주의 깊게 들어주는 것이 전화를 성공적으로 하는 방법이다.

<정기적 방문을 통한 접촉>

부모를 명절 때, 가족행사 때, 휴가 때 방문할 수 있고, 예정에 없이 방문할 수도 있다. 대개의 경우 하루나 이틀 머물며 부모와 숙식을 함께 하게 된다. 다행이 우리나라는 국토가 좁고 교통수단

이 발달하여 대개 하루 이틀 사이에 방문했다가 돌아올 수 있다.

먼 거리에 사는 노부모를 방문하는 데는 여러 가지 요인들이 작용한다. 부모의 건강문제와 자녀 자신의 가족에 대한 책임이 많이 작용한다.

방문하기 전에 계획, 준비를 하는 것이 좋다. 자녀는 직장 사정을 감안해야 할 것이고 노부모는 시골의 농사일, 지역사회 활동 등에 차질이 없도록 해야 할 것이다. 요사이는 방문하는 기간을 사전에 서로 조정하지 않으면 흔히 상대방에게 폐가 될 수 있다.

만나면 서로 적응하는 시간을 가져야 한다. 머무는 동안 부모자녀 간에 정서적인 결합이 이루어지고 애정이 두터워지며 가족관계가 공고하게 된다. 방문이 끝나고 작별할 때 부모의 건강이 나쁠 경우에는 침울한 분위기 속에서 떠나게 된다. 작별의 슬픔을 다음 방문을 계획함으로써 잊어버리려고 한다.

〈부모의 건강과 자녀의 대응〉

부모의 건강은 별거하는 자녀가 가장 고민하는 문제이다. 노부모는 예고 없이 심신의 질환을 가질 수 있다. 부모가 급성질환에 걸리거나 위독할 경우에는 자녀는 긴급히 방문해서 일정 기간 부모와 함께 머물면서 대처할 수 있다. 부모가 정신질환을 가지거나 만성질환으로 장기간 고생하는 경우에는 자주 방문할 필요가 있다. 이럴 경우 자녀는 부모를 떼어 놓고 멀리 사는 데 대해 죄의식과 스트레스, 그리고 무력감과 좌절감을 가진다. 그뿐만 아니라 재정 부담이 늘고 직장생활에 지장이 생길 수 있으며 부모의 오해와

서운함을 사게 되는 경우도 있다.

자녀와 부모의 관계는 서로에 대한 친밀성, 염려와 걱정, 의무감, 도와주려는 소원으로 가득 차 있다. 부모도 별거하는 자녀를 지원하는 경우가 많다. 교육비, 주택구입비, 재산 물려줌, 위로와 격려, 자문과 충고, 식료품 등을 자녀와 손자녀에게 제공한다.

이와 같이 물리적 거리로 인한 불편에도 불구하고 호혜적인 돌봄 관계는 지속되는 것이다. 가족적 돌봄이 이루어지는 것이다.

〈제공해야 할 돌봄〉

떨어져 사는 자녀는 부모에게 수단적(물질적) 및 정서적(정신적) 돌봄을 고르게 하려고 애를 쓴다. 용돈, 생활비, 선물, 기차·비행기 표, 여비, 의료비, 주택유지비 등을 제공한다. 부모도 이러한 돌봄을 자녀에게 하는 경우가 많다.

이뿐만 아니라 가족 바깥의 사회복지사, 목사, 신부, 스님, 의사, 가까운 친구 및 친척과 교섭해서 이들로 하여금 필요할 때 부모를 돌보아 주고, 특히 부모가 위급할 때 의료시설로 이송토록 부탁할 수 있다.

부모의 어려움, 건강문제 등이 생길 때 자녀가 돌본다는 것은 당연한 의무이다. 이런 의무를 잘 수행하면 그것을 세상 사람들은 (가족적) 효행이라고 하는 것이다.

부모의 건강문제에 대해서는 미리부터 돌볼 태세를 갖추어야 한다. 그럼으로써 뒤에 오는 충격과 어려움을 줄일 수 있다.

부모가 불구가 되어 전문적인 간호와 지속적인 치료가 필요하게 되면 보호부양 능력이 있는 자녀의 집으로 옮기거나, 돌볼 사람을 고용해서 거택간호를 하거나, 전문요원을 갖춘 요양원에 입원토록 조처할 수 있다.

〈돌봄의 종국적 단계〉

별거하는 자녀는 부모를 위한 사회적 지원망을 개발해 두어야 한다. 지역의 사회복지사가 지원망의 일원으로 들어 있으면 그 지역에 있는 각종 자원을 연결해 주는 역할을 해 줄 수 있다. 가족원과 지원망 성원이 정보를 나누고 책임을 분담하면서 간병과 치료 그리고 사망에 대비하는 작업을 진행해야 한다. 오늘날 의학은 사망까지의 시간을 연장하여 종말까지 일 년 또는 그 이상의 시간이 걸리는 경우가 많다. 이 기간 동안 위와 같은 노력을 계속해야 하는 것이다.

효성스러운 자녀는 멀리 살면서 부모를 책임성 있게 돕는 과정에서 부부간의 불화, 재정문제, 직장문제 등 어려움에 부딪힐 수 있다. 이러한 문제가 심할 때는 자녀도 상담, 치료 등 전문적 돌봄 서비스를 받아야 할 경우가 있다.

노인시설에 들어가는 것은 그 전에 가능한 모든 방법을 거친 뒤 더 이상 다른 대안이 없을 때 취하는 방법이다. 우리 사회에서는 노인시설에 들어가는 데 대해 아직도 저항이 있다. 그러나 지속적인 간호와 치료가 필요한 부모를 전문시설에 위탁하여 회복과 치유를 도모할 수 있고 이렇게 함으로써 자녀는 안도감을 가질 수 있다.

효의 표현은 정서적인 감정만이 아니라 수단적인 행동으로도 해야 한다. 효성스러운 자녀는 그렇지 못한 자녀에 비해 어려움이 닥친 부모를 돌보는 데 있어 더 결단력 있게 수단적인 행동으로 대처한다.

부모가 임종에 가까워지면 임종에 임하는 준비를 해야 한다. 우리 문화에서는 부모 임종 때 참여하지 못하는 자녀는 평생 죄의식을 느끼고 한으로 삼는다. 사망한 부모의 장례식은 자녀 평생의 가장 감동적이고 엄숙한 행사이다. 이와 같이 효성스러운 자녀는 멀리 떨어져 살면서도 부모의 생전과 사후에 걸쳐 정서적 및 수단적 돌봄을 해 나간다. 가족적 효를 끈질기게 실행해 나가고 있는 것이다.

2) 동거와 부모 돌봄

전국적으로 고령자들의 약 30%가 자녀와 동거하고 있다(통계청 사회조사, 2015). 이 숫자는 서양 나라들보다 더 높은 편이다. 고령화, 건강퇴조 및 저소득이 흔히 지적되는 동거로 이끄는 요인이다. 앞서 지적한 바와 같이 부모가 고령이 되어 의존도가 높아질수록 자녀와 동거하는 비율은 높아진다. 그리고 소득이 적은 가족일수록 이런 비율이 높아지는 경향이다(권중돈, 2019).

성인 자녀는 부모와 동거함으로써 별거하는 경우보다도 특히 수단적으로 돌보는 의무를 더 쉽게 수행할 수 있다. 고령이 되어 건강이 나빠질 때 자녀와 동거한다는 것은 곧 가족적 보호와 간호-가족적 효-를 잘 받을 수 있음을 뜻한다. 이뿐만 아니라 가족적 관심과 정으로 정서적 돌봄을 누릴 수 있다.

이런 경우 대다수 노부모들도 자녀를 위해 여러 가지 돌봄서비스를 한다. 즉 자녀와 서로 돌보는 호혜적 관계를 이루어 나간다. 예로 자녀에게 격려, 위로, 상담을 해 주고, 손자녀 지도, 아이 보아 주기, 가사 돌보기, 재정지원 등을 한다. 딸이나 며느리가 직장을 가지고 밖에서 일하는 경우에는 부모(특히 어머니)는 그 집의 가사를 도맡아 보아 준다.

동거는 대개의 경우 성인 자녀와 노부모가 서로 돌보는 데 좋은 조건이 될 수 있다. 양편의 경제적 및 사회적 욕구/필요를 충족할 수 있기 때문이다. 그러나 동거를 바람직하지 않다고 보는 견해가 있다. 즉, 동거에 따른 문제-프라이버시의 결여, 생활공간 부족, 재정 부담, 갈등과 충돌 등-가 있을 수 있다.

이러한 부모자녀 간에 일어날 수 있는 혜택과 불편함을 고려할 때 결국 동거는 자녀와 부모가 의논을 해서 혹은 전문인의 상담을 받아 선택할 과제라고 본다. 부모와 자녀가 동거하는 것은 주택부족이나 경제문제 때문이라고 하기보다는 존중·애정으로 이루어진 감정적 유대로써 가족적 효를 행하는 한국인의 문화적 관습 때문인 것으로 본다.

6

지원망 활용

다수 성인 자녀들이 노부모와 별거하는 새 시대에는 사회적 지원망은 가족적 효를 보완하는 긴요한 방법이 될 수 있다. 이 방법으로 특히 자체 돌봄 기능이 약화된 가족의 효 기능을 보강할 수 있다(정경희, 강은나, 2016; Wenger, 2002).

대개 노부모 주변에는 때때로 또는 자주 도와주고 방문해 주며 심부름을 해 줄 수 있는 분들이 있다. 즉 친척, 가까운 친구, 이웃, 상조집단, 교회모임, 계모임 등이 노부모를 위한 지원망을 이룰 수 있다(김영범, 박준식, 2004; 성규탁, 1990).

부모가 위급할 때 도움을 받기 위해 제일 먼저 찾는 곳은 가족이다(성규탁, 2017). 다음으로 친척, 가까운 친구, 이웃, 상조집단을 찾는다. 가족만을 찾는 경우, 가족-친척을 찾는 경우, 가족-친구를 찾는 경우 그리고 친척-친구, 친구-이웃을 찾는 경우 등 대안들이 있다.

시대적 변동으로 가족 이외의 돌보아 줄 사람을 찾아 지원망을 이루어야 할 필요성이 커지고 있다. 가족과 친척 이외의 위와 같은 비친족으로 이루어진 지원망을 활용할 방안을 개발해 나가야 하겠다.

가족의 돌봄 능력이 약하거나 돌보아 주는 가족원이 없는 병약한 노부모는 가족 바깥에서 제공하는 사회적 돌봄서비스를 필요로 한다. 지원망은 노부모를 부양하는 가족, 특히 자녀와 떨어져 사는 노부모를 위한 가족적 효를 보완하고, 이런 효를 못 함으로써 생기는 문제를 예방하는 방법으로 활용될 수 있다. 지원망은 어려움에 처해 있는 노부모의 정서적 안녕과 생활만족도를 높이고, 고독과 소외문제, 생활위기 등 문제를 극복하도록 도울 수 있고, 가족 바깥의 사회적 효 집단이 제공하는 각종 기술적 및 수단적 돌봄서비스에 대한 지식과 정보(접근방법, 이용절차 등)를 제공하여 이를 활용하도록 도와줄 수 있다.

이제는 가족의 변화 때문에 이런 지원망을 활용하여 가족의 자체 돌봄 기능을 보완해 나가지 않을 수가 없게 되었다. 노부모가 필요로 하는 돌봄은 존중, 관심, 애정, 정보제공, 안내, 충고, 말동무와 친구가 되어 주는 것, 어려움이 있을 때 돌보아 주는 것, 전문적 서비스를 받도록 돕는 것, 교통편 제공 등 다양한 형태의 정서적 및 수단적인 것이다. 이런 돌봄은 믿을 만하고 의존할 수 있는 지원망으로부터 받을 수 있다.

지원망은 사람들 사이에 연결되어 있는 서로 돌보는 인간관계의 망(網)으로서 가족적 효 기능이 수행되지 못할 때 이를 보완할 수 있다(정경희, 강은나, 2016). 이런 점에서 지원망은 고령자의 복리증진을 위한 유용한 수단이 될 수 있다.

다음과 같은 분들이 지원망을 구성할 수 있다.

* 현재 부모를 도와주고 있는 분
* 집안사람
* 부모와 자녀의 오랜 친구와 친척
* 가까운 동창생
* 부모와 자녀가 속하는 사회단체나 클럽의 회원
* 가까운 이웃
* 자원봉사자
* 동사무소의 사회복지사
* 교회의 목사, 신부 및 신자, 절의 스님
* 부모의 담당 의사, 간호사 및 의료사회복지사
* 부모의 담당 변호사
* 부모와 자녀가 거래하는 은행과 보험회사의 담당요원
* 기타 도움이 될 수 있는 분들

보호자인 자녀는 노부모의 지원망을 이루는 위와 같은 분들의 주소, 전화번호, e-mail을 알아 두고 이들이 어느 정도로 노부모를 도와줄 의사가 있으며 어떠한 도움을 줄 수 있는가를 파악해 둔다. 이렇게 해 놓음으로써 앞으로 필요할 때 이분들에게 어떠한 도움을 요청할 수 있는가를 알 수 있다.

위와 같은 도움을 줄 수 있는 분들에게 자신의 전화번호, 집주소, 이메일을 알려 주고 필요할 때 언제나 수신인 지불방법으로 전화를 해 달라고 청탁한다. 그리고 부모의 용태에 관해서 수시로 전화 또는 이메일로 연락해 달라고 부탁한다.

그런데 떨어져 사는 노부모가 지원망을 아니 가지는 경우가 있

다. 아는 분들이 세상을 떠났거나 다른 지역으로 이사를 간 경우
이다. 이런 때에는 부득이 그 지역의 노인복지관, 사회복지관, 자
원봉사단체, 상조회, 소속교회/사찰 또는 동/면사무소 사회복지사
의 사회적 돌봄을 받도록 한다.

7

가족적 효의 실행상 특성

　가족적 효의 기틀을 이루는 부모자녀 관계는 위에서 논한 바와
같이 부모와 자녀가 서로 존중하며 돌봄을 주고받는 서로에 대한
책임을 수행하는 호혜적 관계이다.

　이러한 관계는 노부모가 건강상태가 악화되거나 신체장애가 발
생하여 독자적으로 거동할 능력을 잃을 때 심각한 단계에 이른다.
장애 정도가 심할수록 가족의 손길이 더 필요하게 된다. 예로 가
장 힘든 간호가 필요한 치매환자의 경우 친밀한 가족원(주로 자녀,
배우자)의 돌봄을 받는 사례가 많다.

　오늘날 우리의 가족이 위에서 논한 바와 같이 변화에 부딪히고
있지만, 이러한 가장 어려운 돌봄 역할은 다수 가족들이 인간적인
정으로써 가능한 한 자체적으로 담당해 나가는 실정이다. 이 사실
을 보아 다수 가족들은 여전히 병약한 노부모에게 효·경로효친
을 행하고 있음을 알 수 있다.

　이러한 가족중심적 효·경로효친은 위와 같은 친밀한 감정적
유대관계를 이루는 '우리'라는 가족공동체와 연계된 맥락에서 이
루어지고 있는 것이다. 가족적 효는 또한 다음과 같은 특수한 돌
봄을 행하는 성향이 강하다. 예측할 수 없이 돌발적으로 일어나는

문제가 일어날 때 이에 직시 대응해서 면대면으로 돌보는 기능을 수행한다. 즉 가족과 친척 그리고 가까운 친구와 이웃은 노부모가 돌발적인 문제-재해, 급환, 사고-를 당할 때 제일 먼저 개입해서 응급적 돌봄을 한다. 그러고는 외부의 사회적 돌봄조직-병원, 진료소, 구호소, 상담소, 복지관 등-에 연락을 취하고, 교통편을 마련해서 그곳으로 데려가 기술중심적 돌봄-사회적 효-을 받도록 한다.

가족적 효행자는 가족 내에서 노부모가 부딪히는 위와 같은 우발적으로 발생하는 잡다한 문제들을 일상생활 속에서 자율적으로 풀어 나간다. 이러한 특성을 갖추어 가족중심으로 제공하는 존중, 사랑, 관심, 위안 및 동정과 아울러 가사돌보기, 취사, 급식, 세탁, 목욕, 요양, 보호 등 노부모의 일상생활을 위해 개인별로 제공하는 잡다한 정서적 및 수단적 돌봄은 노부모의 삶을 유지하는 데 필요불가결하다.

더욱이 가족적 효의 기틀을 이루는 부모자녀 관계는 부모와 자녀가 서로 존중하며 돌봄을 주고받는 서로에 대한 위무·책임을 수행하는 관계이다. 가족의 이러한 자체 돌봄은 특수하여 가족이 아닌 다른 사람은 실행하기가 어렵다. 가족적인 감정적 유대가 우리보다도 약한 미국인들의 경우에도 장애 정도가 심한 노부모들의 80%가 가족과 친족의 보살핌을 받고 있다(Doty, 1986; Connidis, 2001). 개인주의적인 사회에서도 이와 같이 가족이 장애를 가진 노부모를 돌보는 책임을 수행한다는 사실은 주목해야 할 일이다.

<u>8</u>
가족적 효의 사례

　노부모를 위한 가족적 효는 앞서 논한 부자자효(父慈子孝)에서 자효(子孝 자녀가 부모를 돌봄)에 해당한다. 오랜 기간 부모로부터 돌봄을 받아 온 자녀는 자라서 성숙해지면 노령기에 든 노부모를 사회적 기대에 맞게 돌볼 수 있게 된다. 즉 가족적 효행을 하게 되는 것이다. 효의 으뜸가는 표현은 앞서 지적한 바와 같이 부모에 대한 '존중'이며 이에 곁들여 '돌봄'을 행하는 것이다.

　다음 세 가지의 보기를 들어 성인, 청년 및 소년이 가족적 효를 행하는 실상을 살펴보고자 한다.

1) 성인 자녀의 효행

　성숙해진 성인 자녀가 가족적 효를 행한 사례를 들어 보고자 한다. 퇴계가 밝힌 인간사회의 으뜸가는 인(仁)의 표현인 효(부모 돌봄)를 가족중심으로 실행하여 효행상을 받은 성인 987명을 대상으로 효도한 방법과 이 방법의 중요성을 조사한 결과 6가지의 대표적인 효행유형이 드러났다(성규탁, 2017, 2019).

　각각의 유형에 주어진 중요성에 따라 순위를 매겨 보았다. 아래

와 같이 부모에 대한 '존중'과 '은혜 보답'이 가장 중요하다고 지적
되었다. 이어 부모에 대한 '애정', '책임수행', '부모중심의 가족화
합' 및 '이웃 어른 돌봄'이 뒤따랐다. [아래 각 유형에 따른 괄호
안 숫자는 중요성(5단위측도: 1=전혀 중요치 않음……5=매우 중요
함)을 지적한 빈도의 평균치임.]

(1) 부모를 존중함(4.42)
(2) 부모 은혜에 보답함(4.36)
(3) 부모를 사랑함(4.27)
(4) 부모에 대한 책임을 수행함(4.14)
(5) 부모중심으로 가족의 화합을 이룸(3.84)
(6) 이웃 어른을 돌봄(3.54)

위와 같은 부모 돌봄-효행-은 자녀 자신의 개인적 이익을 초월
하여 그들의 정서적 및 물질적 에너지의 일부를 부모에게 바친 이
타적인 덕행이다. 그러나 자녀가 행한 효는 부모가 그들에게 그
많고, 깊고, 끝없고, 대가를 바람이 없이 제공한 돌봄에 비하면 적
은 것이다.

자녀가 부모에게 진 가장 큰 빚은 바로 이 세상에서 가장 귀중
한 몸(신체)을 받고 양육을 받은 것이다. 부모는 자녀가 태어난 순
간부터 돌보기 시작하여 그들 스스로를 돌볼 수 있을 때까지 깊고
절실한 정과 측은지심으로 돌보아 나간다. 자녀가 자신들을 돌볼
능력을 가진 뒤에도 부모는 계속 돌보아 주다가 세상을 떠난다.
그래서 부모의 자녀에 대한 돌봄은 끝이 없다. 이러한 부모가 베

푼 정과 측은지심에 찬 돌봄에 감사하며 이분들의 깊은 은혜를 갚으려고 노력하는 것을 효, 즉 가족적 효라고 하는 것이다.

위와 같이 생애주기를 두고 부모와 자녀 간에 존중, 애정 그리고 측은지심으로 가족적 효가 이루어진다. 이 효는 돌봄을 받은 자녀가 돌봄을 베푼 부모에게 해 드리는 호혜적인 것이다.

〈부모에게 행한 효의 내용〉

가족적 효는 부모를 돌보아 드리는 구체적 행동으로 이루어진다. 효심을 실천행동으로 옮기는 것이다. 퇴계가 강조한 앎(知)을 행동으로 옮김(行)-지행일치(知行一致)-이 이루어지는 것이다.

효행을 한 성인 자녀를 대상으로 그들이 부모에게 제공한 돌봄의 종류를 질문한 결과 32가지의 다양한 유형들이 드러났다(성규탁, 2010, 2017).

이 32가지의 돌봄을 다음 3범주로 나누어 볼 수 있다.

(a) 부모를 위한 돌봄
(b) 가족을 위한 돌봄
(c) 이웃을 위한 돌봄

위의 3가지 돌봄을 다시 다음과 같이 정서적 돌봄과 수단적 돌봄으로 분류할 수 있다. [괄호 안 숫자는 '실행했다고 응답한 효행자들'의 총 응답자 수에 대비한 백분율임.]

(a) 부모를 위한 돌봄

<정서적 돌봄>

* 존중함(39%)

* 마음을 편히 해 드림(38%)

* 부모의 의견을 존중함(23%)

* 걱정을 들어 드림(34%)

* 부모의 소원을 성취함(4%)

* 말 상대가 되어 드림(10%)

<수단적 돌봄>

* 병간호를 해 드림(66%)

* 통변을 도와드림(50%)

* 식사시중을 해 드림(46%)

* 약을 공급해 드림(45%)

* 안마를 해 드림(4%)

* 위독한 부모에게 헌혈을 함(3%)

* 세탁을 해 드림(23%)

* 목욕을 시켜 드림(22%)

* 방을 정리해 드림(13%)

* 책, 신문을 읽어 드림(1%)

* 잡비를 드림(4%)

* 외출 시 동반해 드림(6%)

* 업어서 이동시켜 드림(4%)

* 노인학교에 보내 드림(4%)

(b) 가족을 위한 돌봄

* 대가족 부양(45%)

* 남편 간호(2%)

* 자녀 교육(8%)

* 형제자매 교육(10%)

* 가족의 장래를 위한 저축(5%)

* 조상의 묘 성묘(6%)

* 친척 대접(4%)

(c) 이웃을 위한 돌봄

* 이웃 노인 돌봄(3%)

* 양로원/노인정 방문(14%)

* 노인학교 후원(2%)

* 이웃 학생 지원(3%)

* 이웃을 위한 봉사(9%)

위와 같이 부모님에게 정서적 돌봄과 함께 수단적 돌봄(물질적 돌봄)을 해 드렸다. 그리고 노부모를 위한 돌봄만이 아니라 배우자, 자녀, 형제자매, 친척 및 이웃을 위한 돌봄까지 곁들여 행하였다. 가족의 테두리 안에서 행하는 돌봄이 이웃을 위한 돌봄으로 확장되었다. 즉 퇴계가 중요시한 효(孝, 부모님 돌봄), 제(悌, 형제자매 간 우애) 및 공(公, 이웃과 사회를 위한 돌봄)이 연계되어 실행된 것이다.

가족적 효는 부모와 자녀 간의 서로 존중하며 서로 돌보는 호혜적 관계 속에서 이루어졌다. 부모는 자녀를 양육하는 데 헌신하였고, 자녀는 고령의 부모를 돌보았다. 노부모와 자녀 간에 생애주기를 두고 돌봄을 주고받는 관계가 이루어진 것이다.

효행자와 노부모 사이의 돌봄의 흐름은 위와 같이 일방적이 아닌 양방향적(兩方向的)인 것이었다. 생(生)이 진행되는 과정에서 필요에 따라 도움이 자녀로부터 부모에게로 갔고, 부모로부터 자녀에게로도 간 것이다.

노부모도 자녀를 돌보았다. 즉 자(慈 자녀를 인자하게 돌봄)가 이루어진 것이다. 노부모가 자녀에게 베푼 도움은 애정과 관심을 갖기, 충고와 상담, 격려와 위로, 사기를 돋우어 줌, 아이 돌보기, 집안일 돕기, 정보제공, 발전을 위한 외부자원과의 연계, 재정적 지원 등이다. 노부모는 이런 도움을 주기 오래전부터 여러 해 동안 자녀 양육을 위해 온갖 유형의 돌봄을 해 나간 것이다.

효행자들은 오랜 기간 노부모를 돌보았다. 특히 여성, 저소득자, 저교육자 및 대가족에 속하는 효행자들은 많은 어려움을 겪으면서 가족적 효를 실행해 나갔다. 이들과의 면접을 통해 효행을 하는 과정에서 겪은 어려움을 더 자세히 알 수 있었다.

"효행을 하는 과정에서 가장 어려웠던 일이 무엇입니까?"라는 질문에 이들의 다수는 다음과 같이 말했다.

근심, 부담감, 좌절, 피곤, 구속감, 부모의 무능상태를 다루는 어려움, 부모를 돌보기 위해 다른 식구들에 대한 의무를 소홀이 한 점 등의 문제를 견뎌내는 일이었다. 신체장애가 있는 노부모를 돌본 자녀들은 더욱 많은 어려움을 극복했다. 예를 들어 심한 체력소모, 긴 시간 투입, 끊임없는 부양으로 인한 정서적 소진, 자신의 부양 역할 수행을 제대로 못 한 데 대한 죄책감 등을 극복하는 어려움이었다. 며느리의 경우 혈연관계가 없이 결혼으로 인해 갖는 의무로서 힘든 시부모 돌봄을 하는 데서 겪는 긴장과 스트레스는 가히 짐작할 수 있다.

이상 성인 자녀가 노부모에게 실행한 가족적 효의 사례를 살펴보았다.

2) 청년(대학생)의 효행: 부모 존중

존중은 퇴계를 포함한 대유학자들이 공통적으로 밝힌 바와 같이 효의 가장 중심적 차원이며 부모자녀 관계를 비롯한 모든 인간관계에서 지켜져야 할 매우 중요한 가치이다. 더욱이 존중은 돌봄을 내포하고 있다. 앞서 지적한 바와 같이 돌봄은 존중의 일부이고, 존중은 돌봄을 따르게 한다. 따라서 부모 존중은 가족적 효의 주요한 부분을 차지한다고 볼 수 있다. 앞서 밝힌 바와 같이 효행을 하는 이유 가운데서 가장 중요시된 것이 '부모 존중'이다.

[주: <참 존중과 거짓 존중>

정상적이지 못한 사람관계에서 가끔 상대가 보여 주는 존중이 참된 존중인가 아니면 거짓 존중인가 의심하는 경우가 있음. 일본의 Soeda(1978) 교수와 Makizono(1986) 교수는 어른 존중의 표현을 '다테마에'와 '혼네'의 두 가지로 구분하였음. '다테마에'로 어른 존중을 하면 문화적인 규범에 따른 형식적이고 겉치레에 불과함을 의미하고, '혼네'를 사용하면 진실한 또는 참다운 어른 존중의 표현을 의미함. 이런 이중적 관점은 일본인뿐만 아니라 다른 나라 사람들도 가질 수 있음. 다만 사람들은 이런 이중적 표현을 공공연하게 나타내지 않기 때문에 이를 명확히 빠르게 감지하기가 어려움. 이런 점을 고려하면 존중을 자동적으로 진실한 표현이라고 보기는 어려움. 그렇다면 존중을 받는 사람은 존중의 표현이 진실한지 아닌지를 알아보기 위하여 존중하는 사람의 내면적 심정을 조심스럽게 살펴보아야 함. 그러나 단순한 접촉에서 이를 파악하기는 쉬운 일이 아님. 보통 어른을 존중하는 이유는 존중하는 사람이 어른에게 관심을 가지고, 그를 귀중히 여기고, 그에게 친밀함을 전하려고 또는 그분을 즐겁게 해 주기 위해서 하는 것임. 이런 자원해서 진실하게 존중하는 경우가 '혼네'에 속하는 존중이 되겠음. 이와 대조적으로 압력에 의해서, 정치적인 이유 때문에, 주변 사정 때문에, 또는 지시를 받고 하는 수 없이 존중하는 경우에는 참다운 존중심이 없이 외면적 몸짓만 보이는 '다테마에'가 될 것임. 존중하는 정도는 존중하는 사람과 존중받는 사람과의 인간관계에 따라 다를 수 있음. 즉 존중의 표현은 사회적 순서와 연계되어 행해질 수 있음. 이 순서는 다음과 같은 집단들과의 친밀, 애정, 감사의 정을 바탕으로 하는 관계를 따르는 것으로 볼 수 있음. 즉 제1차 집단(부모, 고령의 친척), 제2차 집단(선생, 선배), 제3차 집단(이웃/직장의 어른), 제4차 집단(일반 고령인)임. 대개의 경우 이 순서에 따라 존중의 정도가 결정된다고 추정할 수 있음. 본 조사는 대다수 조사대상자들이 위의 4개 집단들에 속하는 어른에 대해서 어떤 지시나 명령을 따르지 않으면서 참된 존중을 한다는 가정하에서 진행하였음.]

부모 존중에 대해서 저자가 수집한 경험적 자료를 바탕으로 해설하고자 한다.

서울 시내 3개 대학들에서 무작위로 선발된 458명의 대학생들과 대학원생들(청년 세대)이 부모를 존중하는 방식을 공동조사자 3명과 대학원생 6명이 설문을 통해 수집한 자료를 해석, 분석, 판별한 결과 아래와 같은 13가지의 존중방식이 식별되었다(성규탁, 2017).

13가지 방식들 중 "돌봄으로 하는 존중"이 가장 빈번히 지적되었다(응답자들의 62%가 지적). 2번째로 자주 지적된 방식은 "순종으로 하는 존중(51%)"; 3번째는 "의논을 해서 하는 존중(41%)"; 4번째 "먼저 대접해서 하는 존중(36%)", 5번째, "인사를 해서 하는 존중(33%)", 6번째, "존댓말로 하는 존중(31%)", 7번째, "음식을 대접해서 하는 존중(23%)", 8번째, "선물을 해서 하는 존중(21%)", 9번째, "외모를 단정히 해서 하는 존중(20%)", 10번째, "조상에 대한 존중(19%)", 11번째, "이웃 노인에 대한 존중(18%)", 12번째, "생일 축하를 해서 하는 존중(16%)", 13번째, "윗자리를 제공해서 하는 존중(14%)"이다.

위의 13가지 방식들이 한국의 문화적 맥락에서 실행되는 데 대해 간략히 해설하고자 한다. 모든 존중방식은 노부모와 청년 자녀 사이에서 실행된 것이다.

[부모 존경의 실행]

(1) 돌봄으로 하는 존경

[정서적 및 수단적으로 돌보는 방식]

이 방식이 가장 자주 사용된 존중방식이다.

마음속에서 우러나는 정으로 염려하고, 기쁘게 하고, 마음을 편하게 해 드리고, 시간을 함께 하고, 개인적 케어를 해 드리고, 음식을 장만해 드리고, 집안일을 돌보아 드리고, 교통편을 제공하고, 이분들의 어려움과 병약함을 딱하게 여기면서 존중, 애정 및 측은지심으로 정서적 돌봄과 수단적 돌봄을 해 드리는 것이다.

(2) 순종을 해서 하는 존중

[부모님의 지시를 따르고 부모 말씀을 귀담아 듣는 방식]

부모가 쌓아 온 경험과 지혜를 존중하여 가정의 일, 지켜야 할 관습 등에 관한 이분들의 의견과 충고를 따르고 귀담아 듣는 것이다.

(3) 의논을 해서 하는 존중

[부모님과 의논하고 이분들의 충고를 받는 방식]

나의 가정 또는 직장의 일, 지켜야 할 관습과 의식 등에 관해서 의논하고 충고를 받음으로써 경의를 표하는 방식이다.

(4) 먼저 대접해서 하는 존경

[부모님에게 도움과 서비스를 먼저 제공하는 방식]

차나 음식을 먼저 대접하고, 승강기 또는 방에 먼저 들어가고 나오도록 하고, 자리에 먼저 앉도록 하며 서비스나 편의를 먼저 해 드리는 것이다.

(5) 인사를 해서 하는 존경

[만날 때 인사하는 방식]

만날 때와 헤어질 때 정중하게 섬김의 뜻을 나타내며 아침, 점심, 저녁 시간이 지나면 "평안하십니까" 또는 "진지 잡수셨습니까" 라고 인사한다.

(6) 존댓말을 해서 하는 존경

[대화를 하거나 서신을 할 때 존댓말을 사용하는 방식]

존경하는 표현에는 상대편을 "높이는 말"과 나를 "낮추는 말"이 있다. 존경의 뜻은 낱말, 구절, 전치사와 후치사, 어미(낱말 끝)와 어두(낱말 첫머리)에서 나타난다. 맛날 때 경의를 표하기 위해 그분의 이름 다음에 호칭(부인, 선생님, 여사님, 박사님, 반장님, 회장님, 선배님, 과장님, 반장님 등)을 붙여 부른다.

[주: * 높이는 표현

<낱말>

예: 말씀(말), 연세(나이), 진지(식사), 병환(병) 등

<말끝>

예: 아버님(아버지), 선생님(선생), 아드님(아들), 기사님(기사), 과장님(과장), 여러분(모두), 친구분(친구), 내외분(내외), 형제분(형제), 아버님께서(아버지가), 선생님께서(선생이), 하십니다(한다), 주십니다(준다), 가십니다(간다), 입으십니다(입는다), 계십니다(있다), 하겠습니다(하겠다), 여쭈어 드리겠습니다(말해 주겠다), 전해 드리겠습니다(전하겠다), 올릴 말씀이 있습니다(할 말이 있다), 등

* 낮추는 표현

나 자신, 나의 가족, 나의 편에 속하는 사람에 대해 낮추는 말을 사용하여 상대편을 상대적으로 높이는 표현.

예: 돈아(豚兒: 나의 되지 같은 아이), 폐사(弊社: 나의 값이 없는 회사), 졸작(拙作: 나의 보잘것없는 작품), 아이놈(나의 대단치 않은 아이), 집사람(나의 집만 지키는 처), 조품(粗品: 내가 주는 값없는 선물) 등]

(7) 음식 대접으로 하는 존경

[부모님이 즐겨 하시는 식사와 음료를 대접하는 방식]

부모님의 식성과 기호에 따라 음식을 정성껏 장만해서 존경하는 마음으로 대접한다.

(8) 선물로 하는 존경

[생활용품을 드리는 방식]

선물은 애정의 표시이며 존중하는 뜻이 담겨 있다. 부모는 쓸모 있는 물건을 선물로 받는 것을 고맙게 여긴다. 애정이 담겨 있는 카드, 꽃, 전에 찍은 사진, 건강에 관한 책 등을 선물로 할 수 있다.

(9) 외모를 갖추어 하는 존경

[공손한 외모를 갖추는 방식]

옷차림, 머리 모양, 장신구, 신발이 다듬어졌고, 일반적 관행에 맞도록 한다. 이상한 표정을 하지 않으며, 즐거움과 슬픔도 몸을 가누어 표현한다. 존중의 비언어적 커뮤니케이션이다.

(10) 이웃 고령자에 대한 존경

[이웃의 고령자를 존중하는 방식]

이웃 고령자를 섬기는 것은 그 필요성이 더욱 커지고 있다. 이웃을 지원해 줌으로써 가까운 장래에 나도 이웃으로부터 지원을 받을 수 있는 것이다. 우리의 이웃돕기 활동은 국내에서는 물론 국외로 확장되고 있다.

(11) 생일 축하를 해서 하는 존경

[탄생일(생신)을 축하하는 방식]

생신을 맞이하신 부모님에게 존중과 애정을 표하고, 건강하게 사시도록 소원한다. 축하연회를 가지고, 꽃, 선물을 드린다. 멀리 있을 경우는 전화, 화상통신, 선물로 축하의 뜻을 전한다. 60회(회갑) 생신은 중요하게 다루었으나 이제는 70회(고희), 80회(팔순), 90회(졸수) 생신도 축하한다.

(12) 윗자리를 제공해서 하는 존경

[존경의 뜻을 나타내는 자리 또는 장소나 역할을 드리는 방식]

윗자리, 가운데 자리를 제공하여 존중을 나타낸다. 따뜻한 방, 난로 옆 자리, 시원한 곳을 마련해 드리기도 한다. 나를 낮추고 윗사람을 높이는 우리의 문화적 관습이다.

(13) 조상에 대한 존경

[제삿날과 경축일에 일정한 윗대의 조상에 대한 경의를 표하기 위해 제사를 올리는 방식]

조상의 은혜에 보답하고 가족의 영속을 염원하여 올리는 예식이다. 온 가족이 모여 조상의 위폐와 사진을 모시고 조심스럽게 마련한 음식을 차려 놓고 절을 한다. 이런 예식이 끝나면 어른들은 자녀에게 조상에 대한 이야기를 들려준다. 가족의 사당을 꾸미고 조상의 산소를 가꾸는 것도 조상에 경의를 표하는 방식이다. 제사는 기제, 차례, 시제가 있다.

위의 다양한 존중방식들은 우리의 전통적인 노부모·고령자를 존중하는 문화적 가치를 표현한다고 볼 수 있다. 가족적 효행의 주요한 방식이다.

시대적 변천에 따라 이 방식들은 수정되고 있다. 존중방식이 수정된다고 해도 존중의 원리가 달라진 것은 아니다.

아래는 존중방식이 젊은 사람들 사이에서 수정되고 있는 방향을 보여 준다. 각 방식이 양방향으로 실행됨을 보이는데, 두 대조적인 선택을 연결하는 평행선상에서 개인과 가족이 처한 사정에 따라 수정 정도가 정해지는 것으로 볼 수 있다.

[존중방식의 수정 방향]

* 복잡하게 하는 방식 ↔ 단순하게 하는 방식
* 길게 하는 방식 ↔ 짧게 하는 방식
* 하기 어려운 방식 ↔ 하기 쉬운 방식
* 여러 번 하는 방식 ↔ 한두 번에 하는 방식
* 비용이 많이 드는 방식 ↔ 적게 드는 방식
* 자기를 많이 낮추는 방식 ↔ 덜 낮추는 방식
* 자율적으로 하는 방식 ↔ 타율적으로 하는 방식

새 시대의 젊은 사람들(청년)은 서로 돌봄과 도움을 주고받는 평등주의적 입장에서 고령자를 자율적으로 대하는 경향이 드러난다. 이러한 동향은 세대관계가 권위주의적이고 가부장적인 형태로부터 호혜적이며 평등주의적 방향으로 변하고 있음을 시사한다.

사실 전통적인 가르침에도 앞서 논한 바와 같이 효는 부모와 자녀가 서로 돌보고 서로 존중하는 부자자효(父慈子孝)를 실행하는 것으로 되어 있다. 즉, 부모는 자녀를 인자하게 애정으로 양육하며 자녀는 부모를 존중하며 돌보는 것이다. 이러한 관계에는 호혜성과 평등성이 스며들어 있다. 윗사람을 섬기는 것이나 아랫사람을 섬기는 것은 그 중요함이 다 같다고 한 맹자의 말이 이러한 관계를 설명한다고 본다.

3) 소년(초등학생)의 부모에 대한 감사(효의 실마리)

소년(초등학생)이 부모가 베푸는 돌봄에 보답하는 첫 번째 행동은 "아버님·어머님, 고맙습니다"라는 표현이 되겠다(김경희, 2003: 44-75; 성규탁, 2013). 태어난 후 맨 먼저 하는 효행이라고 볼 수 있다. 즉 효의 실마리가 되는 것이다.

사람은 태어나서부터 고마움을 저절로 알게 되는 것은 아니다. 어른으로부터 배워서 알게 된다(Ryan, 1999).

[주: 효행장려법(부록 Ⅱ)에 어린이 때부터 효 교육을 실시해야 함을 규정해 놓았음.]

걸음마를 하는 유아는 완전히 자기중심적이다. 그렇지만 15~18개월이 지나면 점차 어머니와 아버지가 그를 도와주는 것을 알기 시작한다(Lewis, 2005). 두세 살이 되면 부모에 대해서 고맙다는 표현을 할 수 있게 되고, 4세가 되면 친절, 사랑, 돌봄 같은 정서적인 것에 대한 고마움을 이해하게 된다(Ryan, 1999).

고맙다고 하는 아이는 한 사람 중심의 세상으로부터 벗어나 그의 부모를 비롯한 주위 사람들이 그에게 제공하는 도움을 깨닫게 된다. 아이는 집안에서 자라면서 부모로부터 칭찬, 훈계 및 벌을 받아 가며 받은 은혜에 고맙다고 하도록 사회화된다(Hashimoto, 2004; 김경희, 2003). 초등학교에 들어가면 철이 들기 시작하여 은혜를 베푼 사람에게 감사하려는 마음을 품게 되고(김경희, 2003; Lewis, 2005; Rice, 1984), '고맙다'는 뜻을 표현하도록 교육을 받게 된다(한국청소년개발원, 2011; 이희경, 2010; 김인자 외 2008). 감사하는 사람은 은혜를 베푼 사람과 자신이 가진 것을 나누어 가지며, 그에게 의무적으로 도움을 주려는 친사회적(親社會的) 행동을 하게 된다(김인자 외 2008: 646; Emmons & McCullough, 2008).

이렇게 자라난 아이는 부모 은혜에 대해 감사하게 되는데 이 감사는 강요를 당해서 하는 것이 아니라 그의 마음속에서 우러나는 자율적인 것이다(Ryan, 1999; Hashimoto, 2004). 우리 문화에서는 은혜를 갚는 것을 매우 중요시한다. 하지만 부모 은혜를 갚기란 쉬운 일이 아니다. 명심보감(효자편)에는 부모 은혜를 갚는 의무를 수행하기가 그렇게도 어려움을 시사한 다음과 같은 구절이 있다.

"아버지 어머니 나를 낳으시고 애쓰시고 수고하셨도다. 그 은덕을 갚고자 하는데 그 은혜가 하늘같이 다함이 없어 갚을 바를 알지 못하도다."

부모 은혜는 매우 크고 깊으며, 이를 갚기 위해서는 매우 많은 노력이 필요함을 시사한 가사이다. 이런 노력의 첫 단계 실행이 곧 감사하는 것이다. 교육적으로 볼 때, 다른 사람에게 고맙다고 하도록 가르치는 것은 매우 바람직한 효과를 불러온다. 즉, 감사하도록 지도를 받은 아동은 다른 사람의 감정-느낌에 예민하게 되고, 아울러 감정 이입과 기타 정서적 기법을 발전하게 된다. 이뿐만 아니라 높은 만족감과 낮은 스트레스를 가지는 경향이 있다(Emmons & McCullough, 2008; Ryan, 1999). 친사회적 성향에 보태어 이러한 긍정적인 파급효과가 있는 것이다. 대체로 감사하는 마음을 심어

줌으로써 아동이 장래 이득을 보게 된다는 것이 전문가들의 견해
이다(Rice, 1984; Lewis, 2005).

〈감사의 표현〉

부모는 자녀를 이 세상에 태어나게 하였고, 사랑으로 길러 주고,
교육시켜 주고, 사회에 진출하도록 도와주고, 끝없이 걱정하며 돌
보아 나간다. 이분들의 넓고, 깊고, 조건 없이 베풀어 주는 은혜는
참으로 귀하고 어질다.

다음 노래 가사는 바로 이러한 특수한 은혜를 읊고 있다.

"낳으실 제 괴로움 다 잊으시고 기르실 제 밤낮으로 애쓰시는 마
음, 진자리 마른자리 갈아 뉘시고, 손발이 다 닳도록 고생하시네.
하늘 아래 그 무엇이 높다 하리요. 어머님의 희생은 가없어라."

이러한 고귀한 돌봄을 베푼 부모에게 고맙다는 마음을 가슴속
깊이 품고 '부모님, 고맙습니다'라는 표현을 할 수 있다.

아동은 다음과 같은 '고맙습니다'의 표현을 실행할 수 있으며
또 다수의 아동은 때와 장소에 따라 이 표현을 하고 있다. [다음
의 대부분은 조부모에게도 드릴 수 있다.] 아동에 따라 이런 표현
을 못 하거나 아니하더라도 그러한 고마움을 마음속에 품을 수
있다.

아래는 무작위로 선정된 3개 초등학교들의 3~4학년생 75명이
부모에게 감사하는 다양한 표현을 저자와 9명의 공동조사자들(초

등학교 교원 3명, 학부모 6명)이 학생들에 대한 면접, 대화, 질문 및 관찰을 통해 식별하여 편집, 정리한 것이다(성규탁, 2013).

[부모님, 고맙습니다: 효의 실마리]

* 저의 몸을 낳아 주셔서
* 저를 사랑으로 길러 주셔서
* 저에게 먹을 것과 마실 것을 주셔서
* 저에게 입을 것을 주셔서
* 제가 살 집과 이부자리를 마련해 주셔서
* 제가 아플 때 돌보아 주셔서
* 위험한 곳에 가지 않도록 일러 주셔서
* 위험한 장난을 하지 않도록 주의를 주셔서
* 교통규칙을 지켜 안전하게 통학하도록 지시해 주셔서
* 학교에 갈 때 외모를 단정히 하도록 도와주셔서
* 제가 공부하도록 뒷바라지를 해 주셔서
* 선생님의 말씀을 따르도록 일러 주셔서
* 선생님에게 공손히 인사하고 바르게 말하도록 주의 주셔서
* 학교규칙을 잘 지키도록 타일러 주셔서
* 좋은 친구들과 어울리도록 충고해 주셔서
* 다른 학생을 따돌리지 말라고 주의를 주셔서
* 다른 사람과 싸우지 말라고 주의를 주셔서
* 사람들에게 예의 바르게 행동하도록 가르쳐 주셔서
* 생활환경을 정돈하고 깨끗이 하라고 주의 주셔서
* 어려움을 참고 헤쳐 나가라고 가르쳐 주셔서

* 돈을 아껴 쓰라고 타일러 주셔서
* 저를 위해 끊임없이 사랑으로 걱정해 주셔서

위와 같이 부모에게 감사하는 이유들을 다음과 같이 간추려 볼 수 있다.

* 나를 낳아 주심
* 나를 사랑해 주심
* 나에게 의식주를 마련해 주심
* 나를 길러 주심
* 나를 위해 공부를 시켜 주심
* 나의 학교생활을 지도해 주심
* 내가 아플 때 돌보아 주심
* 내가 안전하도록 걱정해 주심
* 나에게 예절을 가르쳐 주심
* 친구들과 잘 어울리도록 일러 주심
* 남에게 폭행을 하지 않도록 주의를 주심
* 남을 따돌리지 말도록 주의를 주심
* 나의 생활환경을 깨끗이 하도록 일러 주심
* 나를 위해 끊임없이 걱정해 주심

위와 같은 부모에 대한 감사의 표현은 어린 세대가 할 수 있는 효행의 실마리라고 할 수 있다. 이런 표현에는 어린 사람들의 부모에 대한 애정과 존중이 담겨 있음을 감지할 수 있다.

9
가족적 효의 증진

위에 제시한 효행방식들을 실행함으로써 이루어지는 가족적 효의 중요함을 다음과 같이 요약할 수 있다.

> "일상생활에서 노부모에게 다양한 정서적 및 수단적 돌봄서비스를 자율적으로 존중·애정·측은지심·서를 발현하면서 면대면으로 제공함."

이러한 돌봄을 실행하는 가족적 효의 중요함, 아니 필요불가결함은 우리의 일상생활에서 역력하게 드러나 보인다. 이 효의 중요성을 다음과 같이 더 간추려 볼 수 있다.

* 인간중시적 돌봄(존중, 애정, 측은지심, 서로 돌봄)
* 자율적 돌봄(자진해서 자주적으로 돌봄)
* 개별적 돌봄(면대면 개별적으로 돌봄)
* 우발적 문제에 대한 돌봄(일상생활에서 예측할 수 없이 발생하는 잡다한 문제들을 풀어 나감)

가족적 효는 위와 같이 '인간중시적 돌봄'을 하는데 사회적 효보다 앞선다. 우리 문화에서는 이 정으로 찬 노부모 돌봄이 다른 문화에 비하여 더 드러난다. 특히 부모자녀 간의 책임성 있게 서로 존중하며 돌보는 효(孝)와 자(慈)의 원리에 따른 호혜적 관계가 유별나다. 이러한 가족적 효는 우리의 정문화(情文化) 속에서 자녀가 실행하는 도덕적이고 윤리적인 행동이다. 가족을 중심으로 경로효친이 실행되는 것이다.

하지만 이 가족적 효는 제한점을 가지고 있다. 무엇보다도 노부모·고령자가 필요로 하는 기술중심적인 사회적 효(사회심리적 및 보건의료적 돌봄)를 위한 전문적 기술, 시설 및 인력을 갖추어 다수의 고령자들을 동시에 돌보지 못하며 돌봄서비스의 효율성(경제성)을 높이는 데 어려움이 있다.

이러한 제한점에도 불구하고 가족적 효는 노부모를 비롯하여 어린이, 장애인 등 사회적 약자를 가족 세팅에서 인간중시적으로 돌보는 가장 중요한 역할을 한다. 고령자를 돌보는 모든 돌봄조직들은 가족의 참여가 없이는 운영이 불가능하다. 이들은 사회적 효보다도 더 많은 돌봄을 고령자에게 제공한다고 본다. 따라서 가족적 효는 나라의 고령자복지제도를 운영하는 데 필요불가결한 존재가 된다고 볼 수 있다.

10
가족적 효를 보완하는 사회적 효

가족은 의존적인 노부모에게 기초적인 정서적 및 수단적 돌봄을 제공하는 데 주도적 역할을 한다. 나라가 가족의 이러한 역할의 일부만을 더 대행한다 해도 국가 재정은 막대한 충격을 받게 될 것이다.

하지만 세대 간 별거, 부양자 수의 감소, 남녀의 생존 연한 차이, 이혼율 증대, 거주지 이전 등 변동 때문에 가족적 효를 행하는 가족원의 수는 점차 감소하는 조짐을 보이고 있다. 이러한 시대적 변화의 맥락에서 상당수의 가족들은 대체로 과거보다는 노부모를 돌볼 의욕과 힘이 약화되는 경향이 없지 않다. 하지만 가족중심으로 서로 돌보는 전통적 인간중시적 가치와 관행은 아직도 널리 유지, 지속되고 있다.

그러나 이러한 가치와 관행의 발현과 실행을 어렵게 하는 다음과 같은 요인들이 작용하는 것이 오늘의 현실이다.

예로 노부모의 신체적 및 정신적 상태가 심각하여 가족의 힘으로는 돌봄을 계속하기 어렵거나, 매우 힘든 장기적 돌봄으로 가족원들의 소진이 발생하거나, 노부모 돌봄을 에워싸고 가족원들 간에 갈등과 대립이 있거나, 부모를 부양할 의지가 없거나 매우 약한 경우 등을 들 수 있다.

가족적 효를 어렵게 만드는 이러한 요인들의 대부분은 가족원들의 인간관계적 및 감정적 문제와 연관된 것으로 보인다. 부모 돌봄을 어렵게 하는 이런 문제는 세금감액이나 보조금지급으로는 쉽게 해결될 수 없는 경우가 있을 것으로 본다.

따라서 노부모를 돌보는 가족원들의 감정적 스트레스를 감소하는 방안을 우선적으로 강구해야 한다(정순돌 외, 2009).

위와 같은 실상을 고려하여 가족적 효를 증진하기 위한 방안으로서 적어도 다음과 같은 사회적 돌봄(효)을 제공해야 한다고 본다.

* 건강이 약화되어 심층적인 돌봄이 필요한 심장마비, 신체장애, 정신질환 등 병력을 가진 노부모를 돌보는 가족에 대한 의료적 지원, 요양보호 및 가사 돌봄을 제공함.
* 가족에게 돌봄에 관한 교육, 훈련, 상담을 해 줌.
* 치매 등 병환으로 장기적 돌봄을 요하는 노부모를 단기간/수일간 요양원/보호시설에 입원토록 하여 돌보미를 일정 기간 쉬도록 함.
* 친척, 친구, 이웃, 요양보호인, 자원봉사자가 노부모 돌봄을 단기간 대행토록 해서 돌보는 가족원이 과로와 스트레스에서 풀려나도록 함.
* 노부모를 부양하는 가족에 대한 가사 돌봄, 요양보호, 현금지원, 세금감면, 일자리제공, 교육 및 상담, 사회적 칭찬/포상 등 보상을 촉진함.
* 젊은 사람들을 위한 효를 권장하는 교육과 상담을 하고 효행

을 실행, 체험토록 하는 사회적 노력을 함.

[주: 효행에 대한 재정적 보상은 상징적인 효능이 있겠으나, 효행자에 따라서
는 사회적 포상 및 칭찬이 더 바람직할 수 있음.]

　노부모를 돌보는 가족원들의 가족적 효 기능을 저해하는 요인
을 절감하기 위해서 적어도 위와 같은 돌봄 방안을 강구, 실행해
야 한다고 본다. 이 방안은 사회적 효-가족 바깥의 돌봄-를 제공하
는 것이다. 이렇게 함으로써 가족적 효를 보완, 증진할 수 있는 것
이다.

　이 방안은 곧 두 가지의 효를 연계, 종합해서 포괄적으로 효·
경로효친을 이룩하는 접근이다. 다음 장에서 이러한 접근에 관해
서 논의를 이어 가고자 한다.

두 가지 효의 연계

〈공동의 목표〉

새 시대의 효를 사회적 효와 가족적 효로 나누어 각각의 사회문화적 특성과 돌봄방법으로서의 유용성, 돌봄방법을 실행하는 데 겪는 어려움, 그리고 두 가지 효를 연계해서 인간중시적으로 실행하는 데 관해서 탐색적으로 논의하였다.

효는 노부모·고령자에 대한 존중과 돌봄을 뜻한다. 경로효친도 역시 경로(敬老: 노인 존중)와 효친(孝親: 부모 돌봄)을 뜻한다. 그래서 효와 경로효친을 같은 뜻을 담고 있는 말로 보고 번갈아 사용하였다.

가족적 효(가족중심으로 부모님을 존중하며 돌보아 드림)와 사회적 효(사회적으로 고령자를 존중하며 돌보아 드림)는 다 같이 위와 같은 효와 경로효친을 실행하게 된다. 다만 이 두 가지의 효를 행하는 주체(실행자)와 실행하는 장소(세팅)가 다른 것이다. 가족적 효는 가족(가정)을 세팅으로 하여 가족원들 중심으로 실행되며, 사회적 효는 사회복지시설과 공익단체를 세팅으로 하여 돌봄에 대한 지식과 기술을 갖춘 돌봄 요원들이 실행한다.

사회적 효와 가족적 효의 주목표는 동일하다. 즉 사회적 효의 주목표는 노부모·고령자와 가족의 기초적 요구를 충족하여 자체 돌봄 기능을 높여 이분들의 복지를 증진토록 하는 것이며, 가족을 세팅으로 실행되는 가족적 효의 주목표도 역시 이분들의 기초적 욕구를 충족하면서 자체 돌봄 능력을 증진하여 복지를 증진토록 하는 데 있다. 이와 같이 나라의 대공동체 안에서 행해지는 두 가지의 효는 다 같이 효·경로효친의 공동 목표를 지향하고 있는 것이다.

1

이어지는 전통과 시대적 변화

제2장과 제3장에서 효의 으뜸가는 표현인 부모 존중이 실행되고, 효(孝)와 자(慈)의 원리에 따라 부모자녀 간에 존중과 돌봄이 이루어짐을 실례를 들어 밝혀 보았다. 이러한 실례는 우리의 인간중시적인 문화적 맥락에서 실행되는 효·경로효친을 여실히 알려주고 있다.

이와 같이 효·경로효친이 실행되고는 있지만 그 표현방식은 가족 안과 밖에서 일어나는 시대적 변동으로 인하여 수정, 변화되고 있음이 드러났다. 이 변화는 젊은 세대가 새 시대의 시대적 변동에 적응하고 있음을 시사한다.

이 책에서 중시하는 인간중시적 돌봄은 가족적 효에서 드러나게 실행되었다. 가족적 효는 이러한 돌봄을 하는 데 사회적 효보다 앞서며 더 많은 돌봄을 노부모에게 제공하는 실정이다. 더욱이 가족의 참여가 없이는 사회적 효를 행하는 모든 조직들은 운영이 불가능하다.

하지만 가족중심으로 행하는 효는 새 시대의 노부모·고령자가 필요로 하는 사회심리적 및 보건의료적 돌봄을 전문적 기술, 시설 및 인력을 갖추어 제공하는 데 역부족이다. 이 제한점을 해소하기 위해 가족 바깥에서 제공되는 사회적 효가 긴요하다.

한편 경로효친을 지령하는 법제도하에 사회복지조직들과 공익단체들이 사회적 효를 실행하고 있다. 그런데 사회적 돌봄은 흔히 균일화된 방식으로 경제적 효율성을 중시하며 비정실적으로 실행되는 경향이 드러났다. 이런 경향은 돌봄 인력을 늘려 돌봄서비스를 개별화하여 고령자 개개인의 욕구와 필요를 존중해서 돌봄서비스를 인간화함으로써 전환할 필요가 있다.

2

가족적 효와 사회적 효의 연계

사회적 효와 가족적 효는 각기 실행상 어려움이 있으나, 공동의 목표를 지향하며 각각의 유용성(강점)이 현저하여 서로 연계, 종합하면 각자의 제한점(약점)을 상호 보완하고 각자의 장점을 더욱 강화하여 다 같이 효·경로효친을 보다 더 바람직하게 실행할 수 있다고 본다.

경로효친을 사회복지단체(시설)들과 공익단체들이 실행하고 있다. 하지만 이들의 힘만으로는 돌봄이 필요한 노부모·고령자에게 충분한 돌봄을 보편적으로 제공하기가 어렵다. 무엇보다도 재정적인 어려움이 있기 때문이다. 이 때문에 가족적 효로 사회적 효를 보완, 증진할 필요성이 커지고 있다.

사실 앞서 지적한 바와 같이 선진 복지국가들은 국가의 사회보장제도만으로는 국민의 늘어나는 복지 욕구를 충족하기 어려워져 가족이 자체 성원들을 최대한으로 도와 나감으로써 재정적으로 어려워진 국가를 도와야 한다고 호소하고 있다. 국가만이 개개 시민의 복리를 다 충족할 수 없으며, 가족과 국가가 함께 힘을 합쳐 사회복지를 이룩해 나가야 한다는 것이다.

앞으로 한국도 가족의 자체 돌봄 능력-가족적 효 기능-을 기르면서 사회적 돌봄 능력-사회적 효 기능-도 증진하는 양방향적인 노력을 해 나갈 필요가 있다고 본다. 즉 가족적 효와 사회적 효를 종합하여 포괄적인 고령자 돌봄 체제를 이룩하는 것이다.

위와 같은 접근과 맥을 같이하는 방법으로서 앞서 퇴계가 역설한 가족적 돌봄이 사회적 돌봄으로 연장되어 공(公)을 이룩함과 유사하게 E. Litwak(1985) 교수는 가족 자체의 돌봄서비스와 가족 외부의 돌봄서비스를 결합하는 방법을 제시하였다.

이러한 방법에 따라 두 가지 돌봄을 연계해서 상호 보완적으로 활용함으로써 가족의 돌봄 능력을 보완, 증진함과 동시에 국가의 과중한 재정 부담을 줄이면서 노부모·고령자를 포함한 의존적인 가족원들을 돌볼 수 있다고 본다.

두 가지의 돌봄을 종합하는 주목적은 다시 말해서 노부모·고령자를 위한 가족 안과 밖의 돌봄을 보완해서 효·경로효친을 실행하여 이분들의 복지를 최대로 증진하는 데 있다. 제2장과 제3장에서 두 가지 효가 실행된 사례들을 들어 보았다. 이 사례들에서 드러난 효의 실행상황을 다음과 같이 요약할 수 있다.

1) 가족적 효의 실황

가족적 효로서 가족성원들이 일상생활에서 노부모와 존중, 애정, 측은지심 및 서로써 친밀한 감정적 유대감을 가지며 식사, 의복, 세탁, 목욕, 휴식, 보호 등 잡다한 돌봄서비스를 제공하였다. 이 가족적 효행을 다음과 같이 요약할 수 있다.

"성인 자녀(효행자), 청년(대학생) 및 아동(초등학생)이 가족을 중심으로 노부모를 존중하였으며, 특히 성인 자녀는 노부모와 깊은 정실관계를 이루며 이분들의 우발적인 잡다한 문제들을 면대면으로 해소하면서 인간중시적인 돌봄을 실행하였음."

아래 세 가지의 가족적 효의 사례들에서 위와 같은 돌봄이 이루어졌음을 알아보았다.

* 성인(효행자들)의 노부모 돌봄
* 청년(대학생들)의 부모에 대한 존경
* 소년(초등학생들)의 부모에 대한 감사

위의 세 가지의 효행 실례에서 공통적으로 나타난 것은 노부모에 대한 존중과 돌봄, 즉 효·경로효친의 전통적 가치의 실행이다. 성인 자녀(효행자들)의 효행에서 제일 중요시된 것이 바로 부모존중이고, 청년(대학생들)도 역시 부모를 존중하였음이 드러났다. 그리고 소년(초등학생들)은 부모에게 감사하는 마음(효의 실마리)을 표시했다.

부모에 대한 존중은 형제간 우애와 이웃 고령자를 위한 돌봄으로 확장되었다. 위와 같이 시대가 변하였음에도 노부모·고령자를 위한 가족적 효가 전통적 가족윤리에 준거하여 이루어졌다.

2) 사회적 효의 실황

사회적 효를 경로효친의 대표적 실행자인 경로당, 노인요양원 및 노인복지관을 들어 알아보았다.

* 경로당의 사회적 돌봄
* 노인요양원의 사회적 돌봄
* 노인복지관의 사회적 돌봄

이들이 실행한 경로효친-사회적 효-을 아래와 같이 요약할 수 있다.

"가족 바깥의 전문인들(또는 돌보미들)이 돌봄 시설을 갖추어 다수 고령자들에게 기술중심적(또는 사회적) 돌봄(상담, 치유, 교정, 재활, 예방, 요양, 교육, 여가활동, 급식, 휴식처 제공 등)을 효율성 위주로 균일화하여 흔히 비정실적으로 제공하였음."

사회적 효를 실행하는 경로당은 동리/마을의 고령자들에게 휴식, 어울림, 회식 및 삶을 즐길 수 있도록 하고, 노인요양원은 자립하기 어려운 병약한 고령자에게 24시간 보호, 급식, 간병, 물리치료, 신체활동 등 일상생활에 필요한 돌봄서비스를 제공하며, 노인복지관은 사회교육, 상담, 주간보호, 건강증진, 여가활동 등을 위한 돌봄서비스를 건강한 고령자에게 제공한다.

이와 같은 사회적 효를 행하는 상당수의 조직들은 고령자의 개인적 욕구를 개별화해서 충족하는 데 역부족이고, 이분들을 정실관계를 떠나 단순한 케어 대상자로 다루는 경우가 흔히 있으며,

돌봄서비스들이 균일화되어 이분들 개개인의 선택권과 자율성을 보장하는 데 어려움이 있다. 이런 맥락에서 흔히 이분들을 변화, 개발될 수 있는 주체로 보지 않는 경우가 있다.

돌봄서비스를 균일화 및 비개별화함으로써 효율적(경제적)으로 운영이 되고 있지만, 균일화되지 않은 돌봄서비스는 흔히 제공되지 않는다. 이런 사례는 사회복지 부문에서 발생하는 올바르지 못한 '부당한 돌봄(disservice)'이라고 볼 수 있다.

이러한 일련의 어려움은 이 책에서 가장 중요시하는 돌봄서비스의 인간화, 인간중시적 실행이 필요함을 알려 주고 있다. 이런 문제를 해소하기 위해서는 우선 돌봄 인력을 증강해서 돌봄서비스를 개별화하여 균일화를 낮추고, 노입원자의 선택권과 자율성을 보장하며, 이분들과 돌봄서비스 제공자 간의 상호관계를 인간화해서 서비스 전달방식을 수정해야 한다고 본다.

요약해서 사회적 효가 잘하는 것은 예측 가능한 문제들을 문서화된 규칙에 따라 기술적으로 해소하며 다수 고령자들을 효율적으로 돌보는 것이다. 그리고 바람직하게 하지 못한 것은 돌봄 요원이 고령자와 면대면의 개별적 접촉/접근을 통해 정실관계를 이루면서 인간중시적으로 돌보는 것이라고 볼 수 있다.

이들은 특히 돌봄의 가치적 측면에 에너지를 투입해야 하겠다. 즉 인간중시적인 돌봄조직으로서 고령자를 존중하며 돌보는 내면화된 이타적인 가치를 발현하는 것이다.

다시 한번 가족적 효가 사회적 효보다 나은 점(유효성)을 다음과 같이 요약해 본다.

1) 인간적 정으로 함.

2) 자주적이며 자율적임.

3) 면대면의 개별적임.

4) 우발적 문제를 다룸.

그리고 사회적 효가 가족적 효와 다른 점으로서 다음을 들 수 있다.

1) 기술중심적으로 돌봄.

2) 다수를 돌봄.

3) 돌봄 기준 및 규칙에 따라 타율적으로 돌봄.

4) 합리적이며 효율적으로 돌봄.

이렇게 구별해 봄으로써 각자의 유용성 내지 장점을 알 수 있고, 아울러 양자의 유용성을 연계함으로써 보다 더 종합적이며 효
·경로효친을 실행할 수 있다고 본다.

3

두 가지 효의 연계: 사례

1) 소지역중심 사회적 돌봄: 커뮤니티 케어

앞서 동아시아 나라들이 공통적으로 추구하는 효·경로효친의 실행방식으로서 소지역(小地域)중심으로 가족적 돌봄과 사회적 돌봄을 연계해서 거택안락을 도모하는 재가복지(在家福祉)를 지향하고 있음을 알아보았다. 이러한 접근의 대표적인 사례로서 아래의 소지역중심 사회돌봄방법을 들 수 있다.

사회적 효와 가족적 효가 연계되어 종합적 돌봄을 제공하는 대표적인 보기로서 커뮤니티 케어(소지역중심 돌봄 Community Care)(이하 CC)를 들 수 있다. 이 새로운 접근의 유용성을 간략히 살펴보고자 한다(복지저널, 2018.5., 제117호; 2018.10., 제122호).

CC의 특성은 노고객과 돌봄서비스 제공자 간에 따뜻한 인간관계가 이루어지는 것이다. 인간중시적 가치가 CC센터 안으로 녹아들어가 (가족집단의) 노부모와 (사회적 돌봄조직의) 돌봄서비스 요원 사이에 애정과 존중으로 찬 상호관계가 이루어지는 가운데 돌봄서비스가 제공되는 것이다.

이 CC의 주목적은 돌봄이 필요한 고령자를 포함한 어린이, 장애인 등 사회적 약자가 집 가까운 낯익은 이웃(소지역사회)의 소규모시설에서 치유, 요양, 재활 및 사회서비스를 받을 수 있게 하고, 요양원, 병원, 보호센터 등과 같은 사회적 시설에서는 가족·이웃·지역사회에서 받을 수 없는 돌봄서비스를 받도록 하는 데 있다. 그러고는 이런 대규모 시설에서 (퇴원 후 갈 곳이 없어) 필요 없이 오래 머물지 않고 적기에 탈시설(脫施設 시설을 빠져나옴) 하여, 위와 같은 집 가까운 곳에서 가족, 친지, 이웃과의 정답게 돌보는 관계를 유지하면서 필요한 사회적 돌봄을 받아 나가도록 하는 꾸밈이다.

CC 체계하의 소규모 다기능시설에서는 고령자가 집에서 통원, 방문을 하지만, 숙박을 하면서 돌봄을 받을 수도 있다. 입소자 개개인의 욕구에 맞추어 돌봄을 꾸며 나가며 재활과 자립을 돕는다. 시설이 정한 규정에 수용자를 맞추는 식이 아니라 수용자의 개인적 상태와 생활상황을 파악해서 그의 욕구에 맞추어 신축성 있게 대응해 나간다.

가족적 돌봄 집단과 사회적 돌봄조직이 제공하는 두 가지 돌봄이 연계되어 위와 같은 특성을 지닌 CC가 개발, 운영되어 나간다.

CC 체계를 운용하는 데 필요한 요원이 돌봄 담당자이다. 국내에서도 그렇게 되고 있지만 외국에서는 이 요원은 사회복지사이다. 다음 절에서 해설하는 바와 같이 사회복지사는 지역 내 독거고령자와 고령환자의 어려움을 파악하고, 상담을 해 주며, 지역의 돌봄 자원을 동원해서 돌봄이 필요한 고령자와 연결해 준다. 고령자의 가족생활실태를 파악하여 필요한 사회복지서비스와 개호 돌봄-사회적 돌봄-을 두루 연계해서 제공한다. 개호 돌봄을 받지 않는 고령자들도 수시로 방문하여 생활실태를 파악해 나간다. 고령자의 요청이 있든 없든 고령자의 집을 찾아간다. 정기적인 방문은 방문간호사, 요양보호사, 자원봉사자 등과 협력해서 해 나간다.

앞으로 이렇게 내 집 가까운 낯익은 이웃에서 제공되는 인간중시적인 가족적 돌봄과 사회적 돌봄의 두 가지 긴요한 돌봄, 즉 두 가지의 효가 연계, 조화된 종합적인 고령자 돌봄서비스가 전국으로 확산될 조짐이다.

2) 향약(鄕約): 역사적 사례

위의 커뮤니티 케어와 유사한 성격을 가진 우리의 역사적 사례로서 향약을 들 수 있다.

앞서 논한 바와 같이 퇴계는 가족에서 뻗어 나가 사회의 불우한 사람들의 복리를 추구하는 사회적 돌봄(公)을 역설하였다. 늙어서 아내 없는 자, 늙어서 남편 없는 자, 늙어서 아들 없는 자, 어려서 어버이 없는 자를 돌보아야 함을 호소하였다. 퇴계는 나누어 가짐을 주장하면서 비개인주의적(非個人主義的)인 이타성(利他性)을 실현할 사회적 의무를 중시하였다. 이러한 나누어 가지는 데 필수적인 조건으로서 사랑과 존중, 그리고 측은지심(惻隱之心)과 서(恕)의 인간중시적 가치를 가르쳐 주었다.

퇴계의 인(仁)에 대한 정의를 보면 위와 같은 그의 가르침을 이해할 수 있다. 그가 정의한 인의 마음은 "따뜻하게 남을 사랑하고 섬기며 모든 것을 이롭게 하는 사심 없이 이타적인 마음"이다(성학십도, 인설도). 퇴계는 이런 마음으로 가족중심의 효를 확장하여 뭇사람을 돌보는 공(公)을 이룸으로써 인을 발현할 것을 역설하였다. 공은 타인에게 은혜를 베푸는 데 의무감을 느끼는 마음속의 자질인 서이며 조건 없이 측은지심을 발출하는 인간중시적 덕성이다(퇴계집, 서명고증강의; 김낙진, 2004: 142).

퇴계의 이러한 공(公)사상을 실천으로 옮긴 대표적 업적이 향약(鄕約)이다(정순목, 1990). 향약은 향촌소지역-의 가족들이 지역공동체를 이루어 이 공동체를 통해서 공평하게 재정적 및 사회적 돌봄을 주고받는 자율적인 지역복지사업이다(나병균, 1985). 위에 소개한 커뮤니티 케어(CC)와 유사한 가족적 효와 사회적 효를 연계한 특성을 지닌다고 볼 수 있다.

퇴계는 효를 향약약정 첫 대목에 넣어 강조하였다. 향약은 단순히 상부상조의 협동만을 논하기에 앞서, 그것이 효 이념을 기틀로 하여 노소 세대가 효(孝)와 자(慈)를 실행하는 서로 돌보는 공(公)을 위한 공동체를 이룬 데 유의할 필요가 있다.

퇴계가 설정, 운영한 이 예안향약(禮安鄕約)의 구체적 목적은 환난상휼(患難相恤, 어려움을 당해서 서로 돌봄), 즉 사회적 효를 가족을 위해 실행한 것이다. 다음과 같은 약정에 따라 7가지의 돌봄사업이 실시되었다.

1) 구난(救難, 화재나 도난 같은 갑작스러운 어려움을 당한 자를 지원하는 사업)
2) 질병구제(疾病救濟, 병든 자를 돌보아 살리는 사업)
3) 고약부양(孤弱扶養, 고아를 자립할 때까지 돌보아 주는 사업)
4) 빈궁진휼(貧窮賑恤, 가난하고 어려운 자에게 물질적 지원을 하는 사업)

5) 가취보급(嫁娶普及, 어려운 가정의 아들딸을 출가하도록 돕는 사업)

6) 사장조위(死葬弔慰, 초상을 당한 자에게 부조와 위문을 하는 사업)

7) 사창경영(社倉經營, 곡식을 저장하여 식량이 필요한 약원들에게 대여하는 사업)

위와 같이 고령자, 아동, 장애인, 독신자, 빈곤자를 포함한 딱하고, 불쌍하고, 고생하는 향촌의 가족성원들(公)을 위한 포괄적인 사회적 돌봄서비스를 제공하는 방법과 절차로 짜여 있다. 아울러 향촌사회의 질서와 예절을 유지하기 위한 윤리 도덕적 규범, 향약의 운영을 위해 약원이 지켜야 할 책임, 약원들 간의 상호 협동을 위한 조례 등이 체계적으로 약정되어 있다. 향촌 외부의 아무런 도움이 없이 약원들이 스스로 자립, 자족, 자치하는 자율적인 소지역사회적 돌봄 공동체를 성립시킨 것이다.

향약의 약원이 우선적으로 준수할 원칙으로서 다음이 설정되어 있다.

1. 부모에게 효도하는 것
2. 국가에 충성하는 것
3. 형제에게 우애로울 것
4. 어른을 공경하는 것
5. 남녀 간 예절을 지키는 것
6. 친족 간에 화합하고 이웃과 사이좋게 지내는 것 등

위와 같은 원칙들에서 효가 가장 앞서 제시되어 있다. 이러한 공동체의 발전을 가능하게 한 힘은 인간애와 인간존중으로 실행되는 효의 가치를 바탕으로 결속과 유대를 이루어 서로 돌보는 사회를 세우려는 향민의 공통된 의지, 공의 가치라고 본다(정순목, 1990).

가족의 힘을 모아 공을 위한 사회적 효를 이룩하고, 이 사회적 효는 가족적 효를 뒷받침토록 하는 결과를 이룩하였다. 두 가지의 효가 상호 보완작용을 하게 된 것이다.

조선의 사회문화적 토양에서 생성한 위와 같은 퇴계의 가르침과 실천모범은 우리의 사회복지에 관한 생각과 행동을 인도하는 지렛대 역할을 할 수 있다고 본다.

4

사회복지사의 연계하는 역할

사회복지사는 위에서 논한 소지역중심 사회적 돌봄(커뮤니티 케어)을 활성화하는 데 주도적 역할을 한다. 사회복지사는 사회적 효를 실행하는 모든 사회복지조직(시설)들과 대부분의 공익단체들에서 복무하는 사회서비스 제공자이다. 사회복지사는 사회적 효와 가족적 효를 연계하는 역할을 한다. 즉 이 두 가지 효를 실행하는 가족중심적 집단과 사회적 돌봄조직들 간의 소통과 교류를 촉진하고, 아울러 양측이 간직하는 돌봄에 관한 가치와 규범을 서로 이해하고, 돌봄에 관한 지식과 정보를 교환하도록 이끌고, 노부모·고령자의 욕구와 사회적 돌봄조직의 정책과 돌봄 방법이 상호 조정되도록 한다. 이렇게 함으로써 두 가지 효의 공동 목표인 경로효친을 보다 더 바람직하게 실행토록 하는 데 기여한다.

구체적으로 사회복지사는 다음과 같은 방법으로 두 가지 효가 상호 연계 및 보완되도록 촉진할 수 있으며 다수 사회복지조직(시설)들에서 이런 활동이 이미 실행되고 있다.

〈연계를 위한 사회복지사의 활동〉

사회적 효를 필요로 하는 고령자들, 특히 소외되고 위험집단에 속하는 분들에게 침투하여 이분들의 어려운 사정과 요구사항을 파악해서 사회적 효행조직(시설) 당국에 알리는 한편 이분들에게 사회적 돌봄을 신청, 활용하는 방법을 알려 주고 의뢰를 해 준다.

이런 활동을 통해서 사회적 조직의 장점인 기술중심적 돌봄을 가족적 효행집단이 적기에 편리하게 활용토록 하는 한편 가족적 효행집단의 장점인 인간중시적 돌봄을 보다 더 발전적으로 실행하도록 권장, 지원할 수 있다. 즉 양측의 장점을 균형 있게 연계해서 실현하도록 이끄는 것이다.

사회복지사는 다음 사항을 참조하여 이런 연계활동을 소지역사회중심으로 실행할 수 있다.

* 대상 소지역사회의 문화와 가치를 이해한다.
* 고령자와 친밀하고 존중하는 관계를 가진다.
* 고령자와 개별적으로 접촉하여 문제를 개인별로 파악한다.
* 성인 자녀와 가까운 이웃도 접촉하여 노부모·고령자의 욕구를 파악한다.
* 저소득 고령자를 위한 개별적 또는 집단적 돌봄 활동을 한다.
* 고령자와 가족에게 지역 내 사회복지조직(시설)과 공익단체가 제공하는 돌봄서비스에 관한 설명을 해 준다.
* 사회적 돌봄서비스를 신청하는 절차와 신청접수처를 알려 준다.
* 가족이 보유하는 자원(자조능력, 경제력, 가족/친척/이웃의 지원능력 등)을 파악한다.

* 고령자는 사회적 효와 함께 가족적 효를 필요로 함을 가족과 돌보미에게 설명한다. 아울러 정서적 돌봄(존경함, 사랑함, 마음을 편히 함, 관심을 가짐, 걱정을 들어 줌, 고독감을 해소함 등)과 수단적 돌봄(용돈 드림, 식사시중, 건강도움, 병간호, 가사도움, 여가활동지원, 의료지원, 교통편 제공 등)을 함께 제공하는 것이 이분들의 삶의 질을 높이고, 복지를 증진하는 데 매우 주요함을 설명, 강조한다.
* 설명한 내용을 담은 인쇄물을 제공한다.
* 사회적 효행조직(시설)에 대한 비판적인 의견도 귀담아 듣는다.

사회복지사는 위와 같은 사항을 참조하여 가족적 효행집단의 장점과 사회적 효행집단의 장점을 각자의 효행을 보완하는 데 반영토록 하고, 사회적 효행조직의 전문적 돌봄을 가족집단이 편리하고 쉽게 적기에 활용토록 이끌고, 가족집단의 인간중시적 돌봄을 사회적 돌봄 집단도 바람직하게 실행하도록 지도, 권장함으로써 양쪽의 효 기능을 증진할 수 있다.

5
새로운 접근

　돌봄을 필요로 하는 노부모·고령자의 수는 증가하고 있는데 크기가 작아진 가족들은 떨어져 살면서 이분들을 돌보아야 하는 어려움을 겪고 있다. 이런 어려움에도 불구하고 대다수 가족들은 대안을 찾아가며 노부모를 돌보아 나가고 있다.

　새 시대에 보편적으로 사용되는 대안으로서 부모의 핵가족, 아들의 핵가족, 딸의 핵가족, 손자녀의 핵가족이 서로 연계되어 서로 돌보는 지원망을 이루어 이 망 안에서 노부모를 돌보고 있다. 또 흔히 활용되는 대안으로서 떨어져 사는 성인 자녀가 발전된 교통, 통신수단을 활용하여 정기적으로 또는 수시로 노부모와 접촉하며 정서적 및 수단적 돌봄을 행함을 들 수 있다. 또 다른 방법으로는 제3자(요양보호인, 간병인, 가사 돌보미 등)를 고용하여 돌봄을 대행토록 하는 것이다. 이러한 방법으로 노부모를 바람직하게 돌볼 수가 없는 경우에는 사회적 효를 필요로 하게 된다. 즉, 자체의 힘만으로는 고령의 부모를 돌볼 수 없는 가족은 가족 바깥의 각종 돌봄 시설이 제공하는 상담, 치유, 요양, 간병, 보호 등을 위한 사회적 돌봄을 유료 또는 무료로 받게 되는 것이다.

　이렇게 노부모를 돌보는 방법이 다양화되고 있으나 세대 간 서로 돌보는 기본적인 가치, 효는 예나 지금이나 다를 바가 없다. 우리가 이어받은 오늘의 효가 전통적 효와 질적으로 다르다고 보아서는 아니 되겠다. 효의 본질은 예나 지금이나 다를 바가 없다. 다만 그 표현하는 방식과 실행하는 강도가 개인과 가족에 따라 수정 내지 변화되고 있는 것이다.

〈대안의 선택〉

이 시점에서 사회적 효와 가족적 효의 대조되는 속성을 다시 한번 비교하여 마땅한 돌봄을 선택하는 데 대해서 검토할 필요가 있다.

두 가지 효의 아래와 같은 대조적인 속성은 공동 목표인 효·경로효친을 실행하는 데 긍정적(바람직한) 영향을 끼칠 수 있고 부정적(바람직하지 못한) 영향을 끼칠 수도 있다. 따라서 이들 속성을 비교하여 조정, 조화해서 노부모·고령자의 욕구와 필요에 알맞게 적용토록 협치하는 노력이 필요하다고 본다.

즉 알맞은 대안을 선택하는 것이다.

* 가족이 사적으로 하는 돌봄 대 사회가 공적으로 하는 돌봄
* 인간중시적 돌봄 대 기술중심적 돌봄
* 소수를 위한 개별적인 돌봄 대 다수를 위한 균일화된 돌봄
* 마음에서 우러나는 정으로 하는 돌봄 대 정해진 법과 규정에
  따라 해야 해서 하는 돌봄
* 자율적으로 하는 돌봄 대 타율적으로 하는 돌봄
* 가족 세팅에서 하는 돌봄 대 사회시설 세팅에서 하는 돌봄

* 우발적 문제에 대한 돌봄 대 일상적 문제에 대한 돌봄
* 고령자의 욕구·필요에 맞게 하는 돌봄 대 돌봄 요원의 욕구·
  필요에 따라 하는 돌봄

위와 같은 일련의 대조적인 대안을 두고 노부모·고령자가 당면한 필요에 따라 돌봄서비스를 선택할 수 있다. 앞서 지적한 바와 같이 사회적 돌봄과 가족적 돌봄은 각각 위와 같은 유용성(장점)이 있고 제한점(단점)도 있다고 본다. 마음에 들지 않은 점들이 있겠지만 좋은 점들이 있기 때문에 택할 수 있는 것이다. 양자의 복수의 유용성과 복수의 제한점을 저울질하여 노부모·고령자와 가족이 처해 있는 현황에 따라 최선의 대안을 선택할 수 있다고 본다.

새 시대에는 사회적 효를 행하는 시설들과 단체들의 돌봄의 유형과 내용이 다양하기 때문에 앞서 시설선택 방법으로 제시한 사항들을 고려하면서 조심스럽게 위와 같은 대안을 골라야 한다. 이러한 선택을 하는 데 도움을 줄 수 있는 사회적 효행자가 앞서 소개한 사회복지사를 포함한 사회복지시설과 공익단체의 전문적 돌봄 제공자이다.

〈서로 돌보는 민주적 공동체〉

새 시대의 효·경로효친의 실행은 민주주의적 관행과 조화되어야 한다. 즉 노부모·고령자를 포함한 모든 사회 성원들이 존엄성을 지키며 균등한 기회와 공평한 분배를 받아 각자의 권한과

의사를 존중받는 공동체를 이루는 가운데 실행되어야 하는 것이다.

사실 노소 세대 간의 공평하게 교호적으로 서로 의존하며 서로 돌보는 경향이 뚜렷해졌다. 이런 경향도 전통적 가르침에서 이미 지적되어 있다. 퇴계의 "부모는 자녀를 인자하게 돌보고 자녀는 부모에게 효를 한다"는 자효(慈孝)의 가르침(퇴계집 무진육조소)과 맹자의 "윗사람을 섬기는 것이나 아랫사람을 섬기는 것은 다 같이 매우 귀중하고 높이 받들어져야(貴貴, 尊賢) 한다"는 말(맹자 장구하)은 고령자와 젊은이는 모두 귀중하기 때문에 인(仁)의 표현인 애정, 존중, 측은지심, 서로써 공평하게 서로 존중하며 돌보아야 함을 뜻한다.

이러한 서로 존중하며 돌보는 관계에는 책임이 깃들어 있다. 부모-자녀는 이 공동의 책임으로부터 자유로이 벗어날 수 없다. 그렇게 할 자유가 있다고 해도 그것은 우리 문화에서는 절대적이 아닌 제약적이며 비윤리적인 것이다.

새 시대에는 이렇게 노소(老少)·장유(長幼)의 관계가 권위주의적이고 차별적인 패턴에서 공평하고 책임성 있게 서로 존중하며 돌보는 호혜적 패턴으로 변화되어야 할 것이다. 이런 호혜적인 사회관계의 맥락에서 효·경로효친이 이루어질 때 개인, 가족 및 공동체는 화합을 이루어 공동의 복지를 이룩하며 안정된 민주주의적 삶을 실현해 나갈 수 있다고 본다. 이러한 방향으로 새 시대의 효·경로효친의 실천방법을 개발, 실행하는 과제가 우리 앞에 놓여 있다.

이를 위해 보편성 있는 전통적 가치-효·경로효친-를 창의적으로 재해석해서 새 시대의 고령자 복지를 증진할 가능성이 있는 가치로 재정립하여 이를 시대적 욕구에 알맞게 실천하는 노력이 필요하다. 가족적 효와 사회적 효를 상호 보완해서 효·경로효친을 실행하는 접근은 바로 이러한 노력의 일환이라고 볼 수 있다.

퇴계가 가르친 효와 이를 실행하는 데 발현되어야 할 사랑, 존중, 측은지심 및 서(恕)의 가치와 아울러 홍익인간에서 발원한 인간중시적 가치는 이러한 새 시대의 경로효친을 위한 접근을 하는 데 불가결한 이념적 기틀을 갖추어 준다고 믿는다.

6

돌봄서비스의 인간화

　요양원과 복지관 그리고 경로당에서 고령자를 돌보는 데 발생하는 일련의 단점들이 드러났다. 노고객과 제공자 간의 인간중시적 가치를 고양할 필요성이 드러난 것이다. 이러한 필요성은 앞서 거론한 돌봄서비스의 인간화(人間化)의 중요성을 다시 밝힐 필요성을 제기한다.

　사회복지 돌봄은 어려움에 부딪힌 사람을 인간중시적으로 보살피는 도덕적 기틀 위에서 시작되고 발전되어 왔다. 이 돌봄서비스가 진행되는 전 과정에서 노고객의 존엄성을 받드는 도덕적 가치를 결코 과소평가하는 잘못을 저지르면 안 된다. 인간적인 정이 없이 기술중심의 돌봄서비스만을 제공한다면, 어떻게 인간화된 돌봄을 바람직하게 실행할 수 있겠는가?

　사람 돌봄은 원초적으로 도덕적인 행위이다(한국사회복지학회, 2015; Goldstein, 1998). 고객과 제공자 간의 도덕성을 받들면서 이루어지는 인간중시적 노력이다. 돌봄서비스 제공자는 이러한 도덕적 가치를 발현함으로써 그의 전문직의 사회적 타당성을 이룩할 수 있다. 바꾸어 말하면, 그의 돌봄서비스는 이러한 가치에 억매여 있는 것이다.

모든 문화에서 사회복지는 인간중시적 가치에 바탕을 두고 있다(Heady, 2002: 539; Gambrill, 1983). 우리의 사회적 돌봄조직들도 우리가 이어받은 우리 고유의 인간중시적 가치를 기틀로 하여 노부모·고령자를 위한 도덕적인 돌봄서비스-효행-를 실행해 나가야 하겠다.

위와 같은 도덕적인 사회복지 돌봄서비스는 널리 숭앙되고, 바람직하며, 마땅한 가치를 바탕으로 정립된 아래와 같은 윤리적 규칙에 따라 제공되어야 한다(한국사회복지사협회 윤리강령, 2008; NASW, Code of Ethics, 2012). 이 규칙은 인간중시적 가치에 부합된다고 본다.

* 고객을 존중한다(존엄성을 받든다).
* 고객을 사랑으로 대한다.
* 고객을 측은지심(깊은 동정심)으로 돌본다.
* 모든 고객들에게 성(性), 사회적 계층 및 종교의 차이에 상관없이 공평성이 깃든 전문적 돌봄서비스를 제공한다.

위와 같은 기본적 가치에 준하여 다음을 지킨다.
* 고객의 자기결정을 존중한다.
* 고객의 사비밀을 지킨다.
* 고객에게 개입방법 및 절차를 알려 준다.
* 사회의 제도와 조직이 고객의 긍정적 변화를 이룩하도록 이끈다.

퇴계의 다음과 같은 호소는 우리의 심금을 울리며, 공을 이루는 노고객을 돌보는 데 지켜져야 하는 위와 같은 윤리적 규칙을 뒷받침한다고 본다.

"돌봄이 필요한 사회적 약자인 개인, 집단, 공동체의 어른과 어린이는 모두 나의 형제이며, 이들을 마치 나의 친족과 같이 사랑으로 돌보아야 한다"(성학십도, 인설).

퇴계의 인에 대한 다음 정의를 보면 그의 이러한 호소에 담겨 있는 이타적 동정심을 이해할 수 있다.

"인의 마음은 따뜻하게 남을 사랑하고 모든 것을 이롭게 하는 마음이며, 사심 없이 이타적인 측은한 마음이다"(성학십도, 인설).

7
맺는말

새 시대는 변화를 가져온다.

일부 성인 자녀의 노부모·고령자에 대한 존중·돌봄이 약화되는 경향이고, 이분들을 돌볼 책임이 국가에도 있다는 소리가 높아지고 있다(통계청사회조사, 2017). 한편 돌봄 의무자가 없거나 돌봄을 받을 수 없는 고령자와 독거노인의 수가 많아지고 있다(보건사회연구원, 전경의 외, 2012).

이러한 시대적 변화를 알리는 자료는 사회적 효를 받아야 할 고령자 수가 늘고 있음을 시사한다. 사실 오늘날 많은 가족들은 노부모 돌봄을 자체적으로 수행하지 못하여 사회적 효를 필요로 하고 있다(김영란, 황정임, 최진희, 김은경, 2016: 37).

하지만 젊은 세대의 가족에 대한 애착과 의존은 변함없이 지속되고, 노부모·고령자가 가족적 돌봄을 선호하며 가족에게 의존하는 성향에도 변함이 없는 것으로 보인다. 이와 같이 가족적 돌봄과 사회적 돌봄을 노소 세대가 다 같이 선호하며 필요로 하는 이중적 욕구가 복합적으로 나타나고 있다.

정부는 의존적인 고령자를 포함한 사회적 약자를 돌보기 위해 사회적 효-경로효친-를 추진하고 있다. 가족 스스로 돌볼 수가 없거나 돌보기가 어려울 경우 이러한 사회적 효, 즉 사회적 돌봄을 다소간에 받을 수 있다.

위와 같이 사회적 효의 필요가 증대하는 맥락에서 국가수반이 "효도하는 정부를 만들겠다"고 언약한 것은 사회적 효를 촉진하겠다는 나라의 의지를 표명한 것이라고 볼 수 있다(문재인 대통령의 어버이날 발언, 동아일보, 2020.5.8).

〈문화적 성향〉

하지만 가족중심의 효는 여전히 노부모 돌봄의 중심이 되어 있다. 국가의 정책도 가족적 효를 권장, 촉진하는 방향을 잡고 있는 것이 사실이다. 앞서 지적한 바와 같이 한국을 포함한 동아시아 나라들에서는 공통적으로 가족복지 지향적 정책이 실시되고 있다. 이런 접근은 가족의 고유한 사회적 위치와 기능을 중시하는 유교 문화권에서 일어나는 문화적 현상이라고 할 수 있다. 우리는 이런 문화적 성향을 시대적 필요에 따라 슬기롭게 조정해 나가야 한다고 본다.

〈포괄적 돌봄〉

전술한 바와 같이 앞으로 두 가지로 노부모·고령자를 위한 돌봄활동의 방향을 잡아야 하겠다. 하나는 가족적 효로서 가족중심으로 가족의 자체 돌봄을 지속토록 하는 것이고, 다른 하나는 자체 돌봄이 어려운 가족에게 사회적 돌봄을 제공하는 것이다. 즉 가족 자체의 노력과 사회적 지원이 연계되어 포괄적 돌봄 체제를 이룩하는 것이다.

새 시대에는 이와 같이 두 가지의 효 기능을 종합 내지 협치할 필요성이 커지고 있다. 가족은 정서적이며 인간중시적인 돌봄을 개인별로 제공하는 데 강하나 전문적인 기술적 돌봄을 다수에게 제공하는 데는 사회적 효가 더 강하다. 이런 사실을 보아서도 두 가지 효를 연계, 종합할 필요가 있다. 이렇게 종합함으로써 가족과 커다란 사회가 고령자 돌봄에 대한 공동의 책임을 효과적으로 수행토록 할 수 있다고 본다. 이처럼 가족적 효와 사회적 효가 융합되어 조화를 이룰 수 있도록 고령자복지제도를 정비할 필요가 있다.

〈유의해야 할 사항〉

두 가지의 효를 공동으로 수행하는 데 있어 다음과 같은 과제에 대해 유의할 필요가 있다.

(1) 가족적 효의 과제

존중과 애정으로 인간중시적 돌봄서비스를 제공하는 가족적 효의 필요불가결함은 우리의 일상생활에서 역력하게 드러나고 있다.

하지만, 가족적 효 집단은 노부모·고령자가 필요로 하는 기술중심적 돌봄서비스를 제공하는 데 필요한 기술, 시설 및 인력을 갖추지 못한다. 이러한 제한에도 불구하고 가족적 효행집단은 병약한 노부모·고령자를 비롯하여 장애인, 어린이 등 사회적 약자를 돌보는 데 가장 중요한 역할을 한다.

우리 문화에서는 정으로 행하는 가족적 효가 다른 문화에 비하여 두드러진다. 우리는 정문화(情文化) 안에서 노부모를 인간중시적으로 존중하며 존엄성을 받들어 드린다. 이러한 가족적 효의 유용성, 그리고 이를 즐기고 바라는 성향은 시대의 변함에 상관없이 영속될 것이다. 가족적 효행집단은 이러한 장점을 지녔으나 기술중심적인 사회적 돌봄서비스 활용에 관한 정보와 절차를 알아 두어야 한다. 그러고는 가족은 공동사회와 함께 효·경로효친을 수행할 공동의 책임이 있음을 인식해야 하겠다.

(2) 사회적 효의 과제

사회적 효는 기술중심적 방법으로 다수 고령자들에게 돌봄서비스를 제공한다. 이러한 돌봄서비스의 수요는 앞으로 크게 늘어날 것으로 보인다. 그런데 사회적 효가 흔히 바람직하지 못한 점은 인간중시적으로 개인의 독자성과 존엄성을 받들며 돌보는 것이다.

요양원, 복지관, 경로당과 같은 사회적 효를 행하는 단체들과 공익단체들은 특히 인간중시적 가치를 내면화하여 돌봄서비스를 제공하는 전 과정에서 이 가치를 발현하는 데 더 많은 에너지를 투입해야 하겠다. 이 점에 관해서 앞 장에서 누차 논의하였다.

아울러 지방자치단체는 사회단체들이 경로효친을 바람직하게 수행할 수 있도록 행정적 및 재정적 지원을 확장해 나가야 한다. 나라가 발전하고 고령자의 욕구가 증대할수록 기술중심적인 사회적 효의 필요성은 더해 갈 것이다. 게다가 가족적 효를 바람직하게 수행하기 위해서는 사회적 효가 절실히 필요한 것이다. 두 가지의 효는 상호 연계되어 있기 때문이다.

〈새로운 접근〉

복지국가가 안정되게 발전하기 위해서는 다수 사람들이 보편적으로 받드는 가치에 이념적 기틀을 두어야 한다(Titmuss, 1976; Myrdal, 1958; 이순민, 2016).

우리의 문화적 맥락에서 이러한 가치의 대표적인 것으로서 효·경로효친을 들 수 있다. 동아시아 나라들의 특유한 전통적 문화적 가치이다. 하지만 이 가치가 민주화된 새 시대의 역동적인 사회 환경에서 실행되는 데 대한 연구조사를 폭넓게 진행해 나가야 하겠다.

[주: 유교적 가치를 재조명하는 노력이 이웃 중국에서 진행 중이다. 1970년대 말 이후 중국의 신유가(新儒家)그룹이 유교의 사회적 확산운동을 전개하고 있다. 특히 유교가 사회 안정과 경제성장에 도움이 됨을 역설하고 있다. 이러한 움직임과 함께 효를 조명, 확산하는 국가 사회적 노력이 진행되고 있다. 우리는 사회주의 체제하의 중국에서 진행되는 이러한 변화를 주시하고 있다.]

노부모를 돌보는 힘은 어디에서 나오는가?

이 힘은 존중, 사랑, 측은지심 및 서로써 부모를 돌보려는 의지, 부모에 대한 책임감, 부모에 대한 보은의식, 부모를 위해 자신의 에너지의 일부를 바치려는 성심, 부모중심으로 가족화합을 이루려는 의지에서 발단되는 것으로 본다.

이런 의지는 바로 '효행의지'이다(성규탁, 2005, 2019). 효는 오랜 세월 동안 우리 겨레가 숭앙하며 실행해 온 문화적 가치이다. 이 가치는 세대 간의 태도와 행위의 윤리적 적합성을 판단하고 조정하는 기준으로 여전히 기능하고 있다.

우리는 전통사상과 현대사상이 공존하는 시대에 살고 있다. 현대화의 속도가 가정마다 다르고, 가정 내에서도 가족원마다 다를 수 있다. 그러나 한국인의 전통적 가치와 관행은 끈질기게 지속되어 갈 것으로 본다(신용하, 2004; 최재석, 1982; 이광규 외, 1996; 조지훈, 오세균, 양철호, 2012; 한경혜, 성미애, 진미정, 2014; 성규탁, 2019). 우리의 문화적 저항이 지속되고 있는 것이다.

우리의 노부모 · 고령자 복지를 이룩하는 벅찬 과정은 진행 중이다. 이 과정에서 가족은 효 · 경로효친의 가치를 새 시대에 부합되는 가치로 정립하여 인간중시적 돌봄을 지속하고, 사회복지조직들은 이 가치와 원칙에 기틀을 둔 사회적 효를 발전적으로 실행해 나가야 하겠다.

이러한 노력을 통해서 가족적 효와 사회적 효가 협치의 묘를 이루어 새 시대의 노부모 · 고령자의 안녕과 복지를 증진하는 것이 이 책에서 추구하는 목적이다. 가족중심적으로 이루어지는 효와 커다란 사회가 주도하는 효가 연계되어 조화와 협치를 이룰 때 이러한 목표에 책임성 있게 접근할 수 있다고 믿는다.

이러한 바람직한 접근과 아울러 퇴계가 경(敬)을 이룩하는 요건으로 제시한 "참되고 건전한 윤리적 인간사회를 이룩하는 데 요구되는 자율적인 공동체의식"을 발현해 나가야 하겠다.

끝으로 다음과 같은 주제에 대한 조사연구가 이루어지기를 바란다.

* 가족적 효와 사회적 효를 연계, 종합하는 방안
* 가족적 효와 사회적 효를 촉진하는 요인과 저해하는 요인
* 두 가지 효가 바람직하게 연계, 협치 된 사례 발굴
* 두 가지 효의 협치에 관한 국제적인 비교문화적 연구
* 사회인구학적 변인에 따른 부모부양의지의 역동적 변화와 이
  변화가 가족적 효 및 사회적 효에 미치는 영향
* 경로효친정책이 사회적 및 가족적 효에 미치는 영향

부록

부록 Ⅰ. 노인복지법

[공포 1981. 6.][법률 제3453호]
[시행 2019. 12.][법률 제15881호]

제1장 총칙

제1조(목적) 이 법은 노인의 질환을 사전예방 또는 조기발견하고 질환상태에 따른 적절한 치료·요양으로 심신의 건강을 유지하고, 노후의 생활안정을 위하여 필요한 조치를 강구함으로써 노인의 보건복지증진에 기여함을 목적으로 한다.

제2조(기본이념) ① 노인은 후손의 양육과 국가 및 사회의 발전에 기여하여 온 자로서 존경받으며 건전하고 안정된 생활을 보장받는다.

② 노인은 그 능력에 따라 적당한 일에 종사하고 사회적 활동에 참여할 기회를 보장 받는다.

③ 노인은 노령에 따르는 심신의 변화를 자각하여 항상 심신의 건강을 유지하고 그 지식과 경험을 활용하여 사회의 발전에 기여하도록 노력하여야 한다.

제3조(가족제도의 유지·발전) 국가와 국민은 경로효친의 미풍양속에 따른 건전한 가족제도가 유지·발전되도록 노력하여야 한다.

제4조(보건복지증진의 책임) ① 국가와 지방자치단체는 노인의 보건 및 복지증진의 책임이 있으며, 이를 위한 시책을 강구하여 추진하여야 한다.

② 국가와 지방자치단체는 제1항의 규정에 의한 시책을 강구함에 있어 제2조에 규정된 기본이념이 구현되도록 노력하여야 한다.

③ 노인의 일상생활에 관련되는 사업을 경영하는 자는 그 사업을 경영함에 있어 노인의 보건복지가 증진되도록 노력하여야 한다.

제4조의2(안전사고 예방) ① 국가와 지방자치단체는 노인의 안전을 보장하고 낙상사고 등 노인에게 치명적인 사고를 예방하기 위하여 필요한 시책을 수립·시행하여야 한다. 이 경우 안전사고 예방 시책은 「재난 및 안전관리 기본법」에 따른 국가안전관리기본계획, 시·도 안전관리계획 및 시·군·구 안전관리계획과 연계되어야 한다.

② 제1항에 따른 안전사고 예방 시책의 수립·시행에 필요한 사항은 대통령령으로 정한다.

제5조(노인실태조사) ① 보건복지부장관은 노인의 보건 및 복지에 관한 실태조사를 3년마다 실시하고 그 결과를 공표하여야 한다.

② 보건복지부장관은 제1항에 따른 실태조사를 위하여 관계 기관·법인·단체·시설의 장에게 필요한 자료의 제출 또는 의견의 진술을 요청할 수 있다. 이 경우 관계 기관·법인·단체·시설의 장은 정당한 사유가 없으면 그 요청에 따라야 한다.

③ 제1항의 규정에 따른 조사의 방법과 내용 등에 관하여 필요한 사항은 보건복지부령으로 정한다.

제6조(노인의 날 등) ① 노인에 대한 사회적 관심과 공경의식을 높이기 위하여 매년 10월 2일을 노인의 날로, 매년 10월을 경로의 달로 한다.

② 부모에 대한 효사상을 앙양하기 위하여 매년 5월 8일을 어버

이날로 한다.

③ 삭제

④ 범국민적으로 노인학대에 대한 인식을 높이고 관심을 유도하기 위하여 매년 6월 15일을 노인학대예방의 날로 지정하고, 국가와 지방자치단체는 노인학대예방의 날의 취지에 맞는 행사와 홍보를 실시하도록 노력하여야 한다.

제6조의2(홍보영상의 제작·배포·송출) ① 보건복지부장관은 노인학대의 예방과 방지, 노인학대의 위해성, 신고방법 등에 관한 홍보영상을 제작하여 「방송법」 제2조 제23호의 방송편성책임자에게 배포하여야 한다.

② 보건복지부장관은 「방송법」 제2조 제3호 가목의 지상파방송사업자에게 같은 법 제73조 제4항에 따라 대통령령으로 정하는 비상업적 공익광고 편성비율의 범위에서 제1항의 홍보영상을 채널별로 송출하도록 요청할 수 있다.

제6조의3(인권교육) ① 제31조의 노인복지시설 중 대통령령으로 정하는 시설을 설치·운영하는 자와 그 종사자는 인권에 관한 교육(이하 이 조에서 "인권교육"이라 한다)을 받아야 한다.

② 제31조의 노인복지시설 중 대통령령으로 정하는 시설을 설치·운영하는 자는 해당 시설을 이용하고 있는 노인들에게 인권교육을 실시할 수 있다.

제7조(노인복지상담원) ① 노인의 복지를 담당하게 하기 위하여 특별자치도와 시·군·구(자치구를 말한다. 이하 같다)에 노인복지상담원을 둔다.

② 노인복지상담원의 임용 또는 위촉, 직무 및 보수 등에 관하

여 필요한 사항은 대통령령으로 정한다.

　제8조(노인전용주거시설) 국가 또는 지방자치단체는 노인의 주거에 적합한 기능 및 설비를 갖춘 주거용시설의 공급을 조장하여야 하며, 그 주거용시설의 공급자에 대하여 적절한 지원을 할 수 있다.

[제2장 제9조～제22조 삭제 (2007.4.25.)]

　제23조(노인사회참여 지원) ① 국가 또는 지방자치단체는 노인의 사회참여 확대를 위하여 노인의 지역봉사 활동기회를 넓히고 노인에게 적합한 직종의 개발과 그 보급을 위한 시책을 강구하며 근로능력 있는 노인에게 일할 기회를 우선적으로 제공하도록 노력하여야 한다.

　② 국가 또는 지방자치단체는 노인의 지역봉사 활동 및 취업의 활성화를 기하기 위하여 노인지역봉사기관, 노인취업알선기관 등 노인복지관계기관에 대하여 필요한 지원을 할 수 있다.

　제23조의2(노인일자리전담기관의 설치·운영 등) ① 노인의 능력과 적성에 맞는 일자리지원사업을 전문적·체계적으로 수행하기 위한 전담기관(이하 "노인일자리전담기관"이라 한다)은 다음 각호의 기관으로 한다.

　1. 노인인력개발기관: 노인일자리개발·보급사업, 조사사업, 교육·홍보 및 협력사업, 프로그램인증·평가사업 등을 지원하는 기관
　2. 노인일자리지원기관: 지역사회 등에서 노인일자리의 개발·지원, 창업·육성 및 노인에 의한 재화의 생산·판매 등을 직

접 담당하는 기관

3. 노인취업알선기관: 노인에게 취업 상담 및 정보를 제공하거
   나 노인일자리를 알선하는 기관

② 국가 또는 지방자치단체는 노인일자리전담기관을 설치·운영하
거나 그 운영의 전부 또는 일부를 법인·단체 등에 위탁할 수 있다.

③ 노인일자리전담기관의 설치·운영 또는 위탁에 관하여 필요
한 사항은 대통령령으로 정한다.

④ 제1항 제2호의 노인일자리지원기관의 시설 및 인력에 관한
기준 등은 보건복지부령으로 정한다.

제24조(지역봉사지도원 위촉 및 업무) ① 국가 또는 지방자치단
체는 사회적 신망과 경험이 있는 노인으로서 지역봉사를 희망하
는 경우에는 이를 지역봉사지도원으로 위촉할 수 있다.

② 제1항의 규정에 의한 지역봉사지도원의 업무는 다음 각호와
같다.

1. 국가 또는 지방자치단체가 행하는 업무 중 민원인에 대한 상
   담 및 조언

2. 도로의 교통정리, 주·정차단속의 보조, 자연보호 및 환경침
   해 행위단속의 보조와 청소년 선도

3. 충효사상, 전통의례 등 전통문화의 전수교육

4. 문화재의 보호 및 안내

4의2. 노인에 대한 교통안전 및 교통사고예방 교육

5. 기타 대통령령이 정하는 업무

제25조(생업지원) ① 국가, 지방자치단체, 그 밖의 공공단체 중
대통령령으로 정하는 기관은 소관 공공시설에 식료품·사무용품·

신문 등 일상생활용품의 판매를 위한 매점이나 자동판매기의 설치를 허가 또는 위탁할 때에는 65세 이상 노인의 신청이 있는 경우 이를 우선적으로 반영하여야 한다.

② 국가, 지방자치단체, 그 밖의 공공단체 중 대통령령으로 정하는 기관은 소관 공공시설에 청소, 주차관리, 매표 등의 사업을 위탁하는 경우에는 65세 이상 노인을 100분의 20 이상 채용한 사업체를 우선적으로 고려할 수 있다.

③ 제2항에 따른 위탁사업의 종류 및 절차 등에 필요한 사항은 대통령령으로 정한다.

제26조(경로우대) ① 국가 또는 지방자치단체는 65세 이상의 자에 대하여 대통령령이 정하는 바에 의하여 국가 또는 지방자치단체의 수송시설 및 고궁·능원·박물관·공원 등의 공공시설을 무료로 또는 그 이용요금을 할인하여 이용하게 할 수 있다.

② 국가 또는 지방자치단체는 노인의 일상생활에 관련된 사업을 경영하는 자에게 65세 이상의 자에 대하여 그 이용요금을 할인하여 주도록 권유할 수 있다.

③ 국가 또는 지방자치단체는 제2항의 규정에 의하여 노인에게 이용요금을 할인하여 주는 자에 대하여 적절한 지원을 할 수 있다.

제27조(건강진단 등) ① 국가 또는 지방자치단체는 대통령령이 정하는 바에 의하여 65세 이상의 자에 대하여 건강진단과 보건교육을 실시할 수 있다. 이 경우 보건복지부령으로 정하는 바에 따라 성별 다빈도질환 등을 반영하여야 한다.

② 국가 또는 지방자치단체는 제1항의 규정에 의한 건강진단 결과 필요하다고 인정한 때에는 그 건강진단을 받은 자에 대하여 필

요한 지도를 하여야 한다.

제27조의2(홀로 사는 노인에 대한 지원) ① 국가 또는 지방자치단체는 홀로 사는 노인에 대하여 방문요양과 돌봄 등의 서비스와 안전확인 등의 보호조치를 취하여야 한다.

② 국가 또는 지방자치단체는 제1항에 따른 사업을 노인 관련 기관·단체에 위탁할 수 있으며, 예산의 범위에서 그 사업 및 운영에 필요한 비용을 지원할 수 있다.

③ 제1항의 서비스 및 보호조치의 구체적인 내용 등에 관하여는 보건복지부장관이 정한다.

제27조의3(독거노인종합지원센터) ① 보건복지부장관은 홀로 사는 노인에 대한 돌봄과 관련된 다음 각호의 사업을 수행하기 위하여 독거노인종합지원센터를 설치·운영할 수 있다.

1. 홀로 사는 노인에 대한 정책 연구 및 프로그램의 개발
2. 홀로 사는 노인에 대한 현황조사 및 관리
3. 홀로 사는 노인 돌봄사업 종사자에 대한 교육
4. 홀로 사는 노인에 대한 돌봄사업의 홍보, 교육교재 개발 및 보급
5. 홀로 사는 노인에 대한 돌봄사업의 수행기관 지원 및 평가
6. 관련 기관 협력체계의 구축 및 교류
7. 홀로 사는 노인에 대한 기부문화 조성을 위한 기부금품의 모집, 접수 및 배부
8. 그 밖에 홀로 사는 노인의 돌봄을 위하여 보건복지부장관이 위탁하는 업무

② 보건복지부장관은 제1항에 따른 독거노인종합지원센터의 운

영을 전문 인력과 시설을 갖춘 법인 또는 단체에 위탁할 수 있다.

③ 그 밖에 독거노인종합지원센터의 설치·운영 등에 필요한 사항은 보건복지부령으로 정한다.

제27조의4(노인성 질환에 대한 의료지원) ① 국가 또는 지방자치단체는 노인성 질환자의 경제적 부담능력 등을 고려하여 노인성 질환의 예방교육, 조기발견 및 치료 등에 필요한 비용의 전부 또는 일부를 지원할 수 있다.

② 제1항에 따른 노인성 질환의 범위, 지원의 대상·기준 및 방법 등에 필요한 사항은 대통령령으로 정한다.

제28조(상담·입소 등의 조치) ① 보건복지부장관, 특별시장·광역시장·특별자치시장·도지사·특별자치도지사(이하 "시·도지사"라 한다), 시장·군수·구청장(자치구의 구청장을 말한다. 이하 같다)은 노인에 대한 복지를 도모하기 위하여 필요하다고 인정한 때에는 다음 각호의 조치를 하여야 한다.

1. 65세 이상의 자 또는 그를 보호하고 있는 자를 관계공무원 또는 노인복지상담원으로 하여금 상담·지도하게 하는 것

2. 65세 이상의 자로서 신체적·정신적·경제적 이유 또는 환경상의 이유로 거택에서 보호받기가 곤란한 자를 노인주거복지시설 또는 재가노인복지시설에 입소시키거나 입소를 위탁하는 것

3. 65세 이상의 자로서 신체 또는 정신상의 현저한 결함으로 인하여 항상 보호를 필요로 하고 경제적 이유로 거택에서 보호받기가 곤란한 자를 노인의료복지시설에 입소시키거나 입소를 위탁하는 것

② 보건복지부장관, 시·도지사 또는 시장·군수·구청장(이하 "福祉實施機關"이라 한다)은 65세 미만의 자에 대하여도 그 노쇠현상이 현저하여 특별히 보호할 필요가 있다고 인정할 때에는 제1항 각호의 조치를 할 수 있다.

③ 복지실시기관은 제1항 또는 제2항에 따라 입소조치된 자가 사망한 경우에 그 자에 대한 장례를 행할 자가 없을 때에는 그 장례를 행하거나 해당 시설의 장으로 하여금 그 장례를 행하게 할 수 있다.

제30조(노인재활요양사업) ① 국가 또는 지방자치단체는 신체적·정신적으로 재활요양을 필요로 하는 노인을 위한 재활요양사업을 실시할 수 있다.

② 제1항의 노인재활요양사업의 내용 및 기타 필요한 사항은 보건복지부령으로 정한다.

제4장 노인복지시설의 설치·운영

제31조(노인복지시설의 종류) 노인복지시설의 종류는 다음 각호와 같다.

1. 노인주거복지시설
2. 노인의료복지시설
3. 노인여가복지시설
4. 재가노인복지시설
5. 노인보호전문기관
6. 제23조의2 제1항 제2호의 노인일자리지원기관
7. 제39조의19에 따른 학대피해노인 전용쉼터

제31조의2(「사회복지사업법」에 따른 신고와의 관계)제33조 제2항, 제35조 제2항, 제37조 제2항 및 제39조 제2항에 따라 노인복지시설의 설치신고를 한 경우 「사회복지사업법」 제34조 제2항에 따른 사회복지시설 설치신고를 한 것으로 본다.

제32조(노인주거복지시설) ① 노인주거복지시설은 다음 각호의 시설로 한다.

1. 양로시설: 노인을 입소시켜 급식과 그 밖에 일상생활에 필요한 편의를 제공함을 목적으로 하는 시설

2. 노인공동생활가정: 노인들에게 가정과 같은 주거여건과 급식, 그 밖에 일상생활에 필요한 편의를 제공함을 목적으로 하는 시설

3. 노인복지주택: 노인에게 주거시설을 임대하여 주거의 편의·생활지도·상담 및 안전관리 등 일상생활에 필요한 편의를 제공함을 목적으로 하는 시설

② 노인주거복지시설의 입소대상·입소절차·입소비용 및 임대 등에 관하여 필요한 사항은 보건복지부령으로 정한다.

③ 노인복지주택의 설치·관리 및 공급 등에 관하여 이 법에서 규정된 사항을 제외하고는 「주택법」 및 「공동주택관리법」의 관련 규정을 준용한다.

제33조(노인주거복지시설의 설치) ① 국가 또는 지방자치단체는 노인주거복지시설을 설치할 수 있다.

② 국가 또는 지방자치단체 외의 자가 노인주거복지시설을 설치하고자 하는 경우에는 특별자치시장·특별자치도지사·시장·군수·구청장(이하 "시장·군수·구청장"이라 한다)에게 신고하여야

한다.

③ 시장·군수·구청장은 제2항에 따른 신고를 받은 경우 그 내용을 검토하여 이 법에 적합하면 신고를 수리하여야 한다.

④ 노인주거복지시설의 시설, 인력 및 운영에 관한 기준과 설치신고, 설치·운영자가 준수하여야 할 사항, 그 밖에 필요한 사항은 보건복지부령으로 정한다.

제33조의2(노인복지주택의 입소자격 등) ① 노인복지주택에 입소할 수 있는 자는 60세 이상의 노인(이하 "입소자격자"라 한다)으로 한다. 다만, 다음 각호의 어느 하나에 해당하는 경우에는 입소자격자와 함께 입소할 수 있다.

1. 입소자격자의 배우자

2. 입소자격자가 부양을 책임지고 있는 19세 미만의 자녀·손자녀

② 노인복지주택을 설치하거나

③ 제2항에 따라 노인복지주택을 임차한 자는 해당 노인주거시설을 입소자격자가 아닌 자에게 다시 임대할 수 없다.

④ 삭제 <2015. 1. 28.>

⑤ 시장·군수·구청장은 지역 내 노인 인구, 노인주거복지시설의 수요와 공급실태 및 노인복지주택의 효율적인 이용 등을 고려하여 노인복지주택의 공급가구수와 가구별 건축면적(주거의 용도로만 쓰이는 면적에 한한다)을 일정규모 이하로 제한할 수 있다.

⑥ 제33조 제2항에 따라 노인복지주택을 설치한 자는 해당 노인복지주택의 전부 또는 일부 시설을 시장·군수·구청장의 확인을 받아 대통령령으로 정하는 자에게 위탁하여 운영할 수 있다.

⑦ 입소자격자가 사망하거나 노인복지주택에 거주하지 아니하

는 경우 제1항에 따라 노인복지주택에 입소한 입소자격자의 배우자 및 자녀·손자녀는 보건복지부령으로 정하는 기간 내에 퇴소하여야 한다. 다만, 입소자격자의 해외 체류 등 보건복지부령

⑧ 시장·군수·구청장은 필요한 경우 제1항에 따른 입소자격 여부 및 제7항에 따른 입소자격자의 사망 또는 실제 거주 여부를 조사할 수 있다. <신설 2017. 10. 24.>

⑨ 시장·군수·구청장은 제8항에 따른 조사 결과 입소부자격자가 발견되면 퇴소하도록 하는 등 적절한 조치를 취하여야 한다.

제34조(노인의료복지시설) ① 노인의료복지시설은 다음 각호의 시설로 한다.

1. 노인요양시설: 치매·중풍 등 노인성질환 등으로 심신에 상당한 장애가 발생하여 도움을 필요로 하는 노인을 입소시켜 급식·요양과 그 밖에 일상생활에 필요한 편의를 제공함을 목적으로 하는 시설

2. 노인요양공동생활가정: 치매·중풍 등 노인성질환 등으로 심신에 상당한 장애가 발생하여 도움을 필요로 하는 노인에게 가정과 같은 주거여건과 급식·요양, 그 밖에 일상생활에 필요한 편의를 제공함을 목적으로 하는 시설

② 노인의료복지시설의 입소대상·입소비용 및 입소절차와 설치·운영자의 준수사항 등에 관하여 필요한 사항은 보건복지부령으로 정한다.

제35조(노인의료복지시설의 설치) ① 국가 또는 지방자치단체는 노인의료복지시설을 설치할 수 있다.

② 국가 또는 지방자치단체 외의 자가 노인의료복지시설을 설치

하고자 하는 경우에는 시장·군수·구청장에게 신고하여야 한다.

③ 시장·군수·구청장은 제2항에 따른 신고를 받은 경우 그 내용을 검토하여 이 법에 적합하면 신고를 수리하여야 한다.

④ 노인의료복지시설의 시설, 인력 및 운영에 관한 기준과 설치신고 및 설치허가 등에 관하여 필요한 사항은 보건복지부령으로 정한다.

제36조(노인여가복지시설) ① 노인여가복지시설은 다음 각호의 시설로 한다.

1. 노인복지관: 노인의 교양·취미생활 및 사회참여활동 등에 대한 각종 정보와 서비스를 제공하고, 건강증진 및 질병예방과 소득보장·재가복지, 그 밖에 노인의 복지증진에 필요한 서비스를 제공함을 목적으로 하는 시설
2. 경로당: 지역노인들이 자율적으로 친목도모·취미활동·공동작업장 운영 및 각종 정보교환과 기타 여가활동을 할 수 있도록 하는 장소를 제공함을 목적으로 하는 시설
3. 노인교실: 노인들에 대하여 사회활동 참여욕구를 충족시키기 위하여 건전한 취미생활·노인건강유지·소득보장 기타 일상생활과 관련한 학습프로그램을 제공함을 목적으로 하는 시설

② 노인여가복지시설의 이용대상 및 이용절차 등에 관하여 필요한 사항은 보건복지부령으로 정한다.

[이하 생략]

부록 II. 효행장려법

효행 장려 및 지원에 관한 법률
[시행 2017. 12.][법률 제15190호]

제1장 총칙

제1조(목적) 이 법은 아름다운 전통문화유산인 효를 국가차원에서 장려함으로써 효행을 통하여 고령사회가 처하는 문제를 해결할 뿐만 아니라 국가가 발전할 수 있는 원동력을 얻는 외에 세계 문화의 발전에 이바지함을 목적으로 한다.

제2조(정의) 이 법에서 사용하는 용어의 정의는 다음과 같다.

1. "효"란 자녀가 부모 등을 성실하게 부양하고 이에 수반되는 봉사를 하는 것을 말한다.
2. "효행"이란 효를 실천하는 것을 말한다.
3. "부모 등"이란 「민법」 제777조의 친족에 해당하는 존속을 말한다.
4. "경로"란 노인을 공경하는 것을 말한다.
5. "효문화"란 효 및 경로와 관련된 교육, 문학, 미술, 음악, 연극, 영화, 국악 등을 통하여 형성되는 효 및 경로에 대한 사회적 가치를 말한다.

제3조(다른 법률과의 관계) 효행의 장려와 지원에 관하여 다른 법률에 특별한 규정이 있는 경우를 제외하고 이 법으로 정하는 바에 따른다.

제4조(효행장려기본계획의 수립) ① 보건복지부장관은 관계 중앙행정기관의 장과 협의하여 5년마다 효행장려기본계획(이하 "기본계획"이라 한다)을 수립하여야 한다.

② 기본계획은 효행장려를 위한 환경조성 등의 사항을 포함하여야 한다.

③ 보건복지부장관은 「저출산·고령사회기본법」에 따른 저출산·고령사회기본계획을 수립할 때 기본계획을 포함할 수 있다.

제5조(효행에 관한 교육의 장려) ① 국가 및 지방자치단체는 유치원 및 초등학교·중학교·고등학교에서 효행교육을 실시하도록 노력하여야 한다.

② 국가 및 지방자치단체는 영유아어린이집, 사회복지시설, 평생교육기관, 군, 교도소 등에서 효행교육을 실시하도록 노력하여야 한다. <개정 2011. 6. 7., 2016. 2. 3.>

제6조(부모 등 부양가정 실태조사) ① 국가 및 지방자치단체는 부모 등을 부양하는 가정에 관한 생활실태, 부양 수요 등을 파악하기 위하여 3년마다 실태조사를 실시하고 그 결과를 발표하여야 한다.

② 제1항에 따른 실태조사는 「노인복지법」에 따른 노인실태조사에 포함하여 실시할 수 있다.

③ 제1항에 따른 실태조사의 실시 및 결과의 발표에 관하여 필요한 사항은 보건복지부령으로 정한다.

제7조(효문화진흥원의 설치) ① 효문화 진흥과 관련된 사업과 활동을 지원하고 장려하기 위하여 효문화진흥원을 설치할 수 있다.

② 효문화진흥원은 법인으로 한다.

③ 효문화진흥원에 관하여 이 법에서 규정한 것을 제외하고 「민

법」 중 재단법인에 관한 규정을 준용한다.

④ 효문화진흥원의 설치요건 및 운영 등에 관하여 필요한 사항은 보건복지부령으로 정한다.

제8조(효문화진흥원의 업무) 효문화진흥원은 다음 각호의 업무를 수행한다.

1. 효문화 진흥을 위한 연구조사
2. 효문화 진흥에 관한 통합정보 기반구축 및 정보제공
3. 효문화 진흥을 위한 교육활동
4. 효문화 프로그램에 관한 개발 및 평가와 지원
5. 효문화 진흥과 관련된 전문인력의 양성
6. 효문화 진흥과 관련된 단체에 대한 지원
7. 그 밖에 보건복지부령으로 정하는 효문화 진흥과 관련된 업무

제9조(효의 달) 효에 대한 사회적 관심과 자녀들의 효 의식 고취를 위하여 10월을 효의 달로 정한다.

제10조(효행 우수자에 대한 표창) 보건복지부장관은 부모 등에 대한 효행을 장려하기 위하여 효행 우수자를 선정하여 표창을 할 수 있다.

제11조(부모 등의 부양에 대한 지원) 국가 또는 지방자치단체는 부모 등을 부양하고 있는 자에게 부양 등에 필요한 비용의 일부를 지원할 수 있다.

제12조(부모 등을 위한 주거시설 공급) ① 국가 또는 지방자치단체는 자녀와 동일한 주택 또는 주거 단지 안에 거주하는 부모 등을 위하여 이에 적합한 설비와 기능을 갖춘 주거시설의 공급을 장려하여야 한다.

② 국가 또는 지방자치단체는 제1항에 따른 주거시설의 공급자에 대하여 지원을 할 수 있다.

제13조(민간단체 등의 지원) 국가 및 지방자치단체는 효행장려 사업을 수행하는 법인·단체 또는 개인에 대하여 필요한 비용의 전부 또는 일부를 보조하거나 그 업무수행에 필요한 지원을 할 수 있다.

제14조(유사명칭 사용금지) 이 법에 따른 효문화진흥원이 아니면 효문화진흥원 또는 이와 유사한 명칭을 사용하지 못한다.

부록 Ⅲ. 가족중심적 성향

우리 사회에서는 거의 대부분의 어려운 돌봄은 가족이 떠맡아
한다고 해도 과언이 아니다. 사회보장제도가 개발되고 있지만 이
러한 우리의 가족 의존적 성향은 가시지 않고 있다. 그런데 사회
복지가 앞서 있다는 미국에서도 만성장애(치매증 등)를 가진 고령
자의 약 80%가 그들의 가족(배우자, 자녀 특히 딸)과 친척으로부
터 돌봄을 받고 있다. 돌보는 사람의 애정, 존경, 책임, 희생을 필
요로 하는 온정적이며 헌신적이고 장기적인 돌봄은 가족이 맡아
할 수 있는 것이기 때문일 것이다. 가족이 효를 행할 수 있음을 말
하는 것이다.

이와 같은 가족의 돌봄 역할은 고령인구의 증가, 영아출생률의
저하, 편모가족과 핵가족의 증가에 따라 늘어나야 하게 되었다.

고령자 돌봄에 관한 연구에서는 이러한 가족의 돌봄 기능이 소
멸되었다는 결론은 나오지 않고 있다. 오히려 다수 가족들은 여러
가지 대안을 찾아 어려움을 풀어 나가면서 돌봄을 지속하고 있는
것이다.

윤리학자들은 그들의 직감에 따라 추상적으로 부모자녀 간의
돌봄이 윤리 도덕적으로 행해지고 있다고 주장한다. 우연한 일치
인지 모르지만, 이러한 학자들의 주장은 사회조사에서 나온 경험
적 자료가 증명하는 바와 거의 일치하고 있다. 이 사실은 가족은
사회변동에도 불구하고 부모 돌봄의 원천으로 기능하고 있음을
알려 준다. 효의 실천 세팅으로서의 가족이 이와 같이 기능하고

있는 것이다.

사회보장제도가 발전된 서양 나라들도 정부의 공식적 제도만으로는 국민의 늘어나는 복지 욕구를 충족할 수 없으니 가족 하나하나가 자체의 성원들을 돌보는 기능을 충실히 수행해 달라고 호소하고 있다. 사실 영국의 "요람에서 무덤까지의 사회보장"제도는 영국의 가족이 정상적인 자체 돌봄 기능을 수행한다는 전제하에서 운영될 수 있다는 전제조건을 내세웠던 것이다.

이러한 실정을 볼 때 가족의 돌봄 기능의 중요성을 다시 한번 깨닫게 된다. [가족은 부모의 핵가족, 아들의 핵가족, 딸의 핵가족, 손자녀의 핵가족, 기타 친족의 핵가족이 떨어져 살면서 이룬 확대된 가족을 말함.]

〈가족적 자아와 돌봄〉

가족은 부모를 중심으로 가족원들이 상호 의존하면서 서로를 돌보는 장 또는 세팅이다.

한국은 다른 동아시아 나라들과 같이 유교의 영향을 여러 세대에 걸쳐 받아 와서 가족중심적인 성향이 사회 체계 깊숙이 스며들어 일상생활의 사소한 부분에까지 미치고 있다.

근래 가족법과 혼인법의 개정에 따라 장자승계, 재산상속 등이 새로 제정되어 가족생활의 전통적 방식이 달라졌지만, 유교문화에 뿌리를 둔 서로 의존하면서 돌보는 가족주의적 가치는 아직도 한국인의 일상생활에 끈질기게 영향을 끼치고 있다(손인주, 1992; 최재석, 2009; 한국가족문화원, 2005; 신용하, 2004; 성규탁, 2019).

이러한 문화적 맥락에서 한국인은 다른 아시아인들과 같이 강한 "가족적 자아(家族的 自我, the familial self)" 의식을 지니고 있다(Roland, 1989).

가족적 자아는 가족원들로 이루어진 서로 의존하면서 서로 돌보는 사회관계망 속에 담겨 있다(오세철, 1982: 41).

이런 가족중심적 돌봄 관계에서 시발하여 보다 넓은 공동사회에서 공생(共生, symbiosis)하면서 서로 돌봄 관계를 유지하는 데무게를 두는 "우리-자아"의 신념으로 확대된다(Roland, 1989). 이상황은 넓은 사랑 인(仁)의 가치가 지향하는 바와 같다. 이런 넓은사랑의 신념을 가짐으로써 다른 사람에 대한 감정이입과 수용적태도를 함양하고, 다양한 사회적 맥락에서 서로 돌보는 호혜적 관계를 추구하게 되는 것이다. '우리-자아'는 가족과 소속 집단의 명예와 동일시하는 데서 생기는 자아존중을 의미하며, 문화적으로고령자 존중(敬老)과 효행(孝親)을 권장하며 위계적 관계 속에서사회적 예의를 지키는 특성을 가진다(Roland, 1989).

그래서 동아시아문화의 "나"는 독립된 한 사람이 아니라 나를둘러싼 가족을 포함한 여러 사람들-우리- 속에 담겨 있으며 '우리'가 '나'를 인증해 주고 도와줌으로써 '나'가 이루어지고 존재하게되는 것이다(Tu, 1985).

이러한 가족적 자아와 우리 자아 신념을 가진 한국인은 "우리가족", "우리 집", "우리 마을", "우리나라"라고 공생하는 집단을부를 때 '우리'를 먼저 내세운다. 우리를 나보다 앞세우며 중요시하는 가치이다. 한국인이 집착하는 '우리' 가치는 모든 사람을 중시하여 공평하게 유익하도록 하는 홍익인간사상에 그 뿌리를 두고 있다 해도 마땅하다고 본다.

한국 사람들은 자아의식 속에서 가족을 중심으로 서로 돌보는 관계를 유지해 나가고 있다. 나와 나의 가족은 이런 관계를 유지하면서 다른 사람들의 복리를 지향하는 "우리" 공동체를 이루고 있는 것이다(송성자, 1997; 엄예선, 1994).

'가족적 자아'와 '우리 자아'의 한국인의 사회심리적 신념이 다음에 소개하는 가족에 대한 조사결과에 반영되어 있다.

〈가족주의 조사〉

가족의 크기가 작아졌고, 부모와 떨어져 사는 성인 자녀 수가 늘어났다. 집안에서 노부모를 돌보는 데 주도적 역할을 한 여성이 교육, 고용 및 경제적 자립을 위한 기회를 찾아 집 밖에서 활동하고 있다.

이러한 변화를 포함한 일련의 사회적 변동은 전통적 가족중심적 생활태도에 변화를 가져오고 있다(한남재, 1997; 김승권, 장경섭, 이현송, 정기선, 조애조, 송인주, 2000; 한국가족문화원, 2005; 한국보건사회연구원, 2017; Yang(양옥경), 2011).

그러나 한국의 대다수 가족들은 여전히 상호 의존하면서 서로 돌보고 있다. 성인 자녀의 30%가 부모와 동거하고 있고, 별거하면서도 친밀한 관계를 유지하며 부모를 돌보는 등 가족중심적 성향을 여전히 엿보이고 있다(신용하, 2004; 성규탁, 2005; 최재석, 2009; 통계청사회조사, 2013; 최상진, 2012).

별거하는 가족들은 부모의 핵가족, 아들의 핵가족, 딸의 핵가족,

손자녀의 핵가족이 가족망을 이루어 서로 돌보는 수정된 대가족을 형성하고 있다. 이 망 속에서 전통적 가족중심 성향을 간직해 나가고 있는 것이다. 이러한 가족중심적 맥락에서 전통적인 효의 가치와 관습이 상당 부분 간직되어 실행되고 있는 것이다. 이러한 성향이 어느 정도로 보편화되어 있는가 조명해 보기 위해 조사를 해 보았다.

〈조사내용〉

가족중심적 성향을 알아보기 위해 아래와 같은 항목들에 걸쳐 조사를 했다. 조사대상자는 서울시의 24개 구들에서 무작위로 선정한 3개 구들의 각 구에서 아파트 밀집지역 1개소를 대상으로 하여 무작위로 추출한 203가구에 거주하는 성인 자녀 312명이다.

아래 변수를 포함한 23개 항목들로 이루어진 폐쇄씩 설문(5단위척도 적용: 5=매우 찬성~1=매우 불찬성)을 사용하여 자료를 수집하였다.

* 자신의 소득을 가족을 위해 사용함.
* 가족의 욕구를 중요시함.
* 가족이 싫어하는 행동을 피함.
* 부모의 말을 따름.
* 동생은 형과 누이의 말을 따름.
* 가족이 함께 의사를 결정함.
* 동거하며 부모/시부모를 부양함.

* 외부 위협으로부터 가족을 방어함.
* 길흉사 때 친척을 부조함.
* 도움이 필요한 친척을 지원함.
* 조상제사에 참례함.
* 부모에게 효도를 함.
* 부모를 병간호함.
* 부모 부양 의무를 수행함.
* 부모를 동거하면서 부양함.
* 배우자 선택 시 부모 동의를 얻음.

등

조사결과 찬성에 대한 평균치가 가장 높이 나타난 항목은 "부모에 대한 효도"이다(4.51: '매우 찬성'에 가까움: 5=매우 찬성……1=전혀 찬성치 않음). 이 항목에 찬성한 응답자들의 비율도 제일 높다(92%). 효도 다음으로 높게 찬성한 항목은 부모가 편치 않을 때 간호하는 것이다. 이다음으로 어려운(경제적으로) 형편에 있는 부모를 지원하는 것, 부모/시부모와 동거하며 부양하는 것, 길흉사에 친척을 지원하는 것, 조상제사에 참례하는 것의 순서로 나타났다(<표 2>).

효를 표상하는 이 지표들이 모두 중요하다고 판정되었다는 사실은 인상적이다.

찬성 정도가 높은 10개 항목을 골라 보면 아래 표와 같다.

<표 2> 가족지향성 항목

항 목	평균	등위
부모에게 효도함.	4.51	1
와병 중인 부모를 간호함.	4.37	2
부모가 어려울 때 지원함.	4.31	3
부모와 동거하며 돌봄.	4.09	4
친척의 길흉사 때 지원함.	4.02	5
조상제사 참례함.	4.00	6
곤궁한 친척을 지원함.	3.98	7
위험으로부터 가족 방어함.	3.96	8
배우자선택 부모허락 받음.	3.83	9
가족욕구를 중요시함.	3.71	10

* 평균: 5단위측도(5=매우 찬성함……1=전혀 찬성치 않음)에 기초함.
* 등위: 평균치의 크기에 따름.

이 자료는 응답자들의 가족중심적 성향을 시사하고 있다. 즉, 가족원들이 '우리'를 이루면서 부모를 효로써 부양하고, 서로를 돌보고, 친척을 지원하려는 의지와 의무감을 나타낸다고 볼 수 있다.

〈응답자의 속성과 가족주의적 성향〉

지방거주자와 도시거주자의 가족중심적 태도의 평균치에 기초한 t검증을 한 결과 두 집단들 사이에 통계적으로 유의한 차이가 없음이 시사되었다(3.77 대 3.69, p=.07).

남자는 부모 효도, 친척 원조, 부모 순종을 더 중요시하고, 여자는 배우자 선택, 가족 방어, 부모 병간을 약간씩 중요시했다. 하지만 남녀 간에 커다란 차이가 없이 부모 효도, 부모 병간 등 부모 돌봄과 관련된 항목들이 높게 평가되었다. 연령이 높을수록 가족주의적 태도가 일관성 있게 높았다. 거의 모든 항목들에 대해서 교육 정도와 상관없이 찬성하였다. 생활 정도에 따라 가족에 대한 태도가 다를 수 있을 것으로 예측했으나 그렇지가 않았다. 출생 순위(장남, 차남, 3남)에 따라서도 대부분의 항목들에서 차이가 없었다.

한국인의 가족중심적 성향은 연구자들 사이에서 이미 널리 논의되어 왔다(최재석, 2009; 가족문화원, 2005; 신용하, 2004; 이광규, 1990; 송성자, 1987; 김한초, 한남재, 최성재, 유인희, 1986; Hill & Koenig, 1970). 본 조사는 새 시대에 들어서도 이런 성향이 여전히 지속되고 있음을 알려 주고 있다.

부모 효도를 비롯한 부모를 중시하는 항목들에 대해서는 연령, 교육, 출신지역, 생활 정도 및 출생 순위에 상관없이 대다수 응답자들이 높게 평가하였다. 이러한 결과는 한국인의 가족을 중심으로 한 부모 돌봄(효)에 대한 긍정적인 태도를 시사한 것이다.

특히 응답자들의 77%가 결혼 대상자를 고를 때 부모 허락을 받는 데 찬성한 점은 놀라운 사실이다.

그리고 친척을 중시하며 돌보는 태도와 행동이 일관성 있게 나타났다. 이는 상호 의존적인 가족주의적 성향을 시사한 것이다(최재석, 2009; 이광규, 1990; 김한초 외, 1986). 친척은 서로 돌보는 사회적 지원체계를 이룬다(김낙진, 2004: 48). 혈연으로 엉켜진 사람들이 서로 돌보는 공동체를 이룬다는 것은 핵가족 시대에 사회복지적 견지에서 매우 중요하다(최재석, 2009; 신용하, 2004; 이광규, 1990).

본 조사는 우리의 사회 체계 속에 가족중심으로 서로 돌보는 관행이 깊이 뿌리 박혀 있으며 특히 부모를 돌보려는 효행의지가 이러한 관행의 바탕이 되고 있음을 시사하고 있다. 이 사실은 또한 한국인의 끈질긴 부모자녀 간의 친밀성과 애정을 바탕으로 하는 서로 돌봄의 전통이 이어지고 있음을 시사한다. 이러한 사실은 한국인들 10명 중의 7명은 '나는 불효자식이다'라고 한다는 속담과 맞아 들어간다고 본다.

오늘날 우리의 전통문화와 산업화가 요청하는 물질적이고 합리주의적인 생활 체제 사이의 부조화와 갈등으로 부모 돌봄과 관련된 가치관의 혼란을 경험하고 있다.

하지만 본 조사자료는, 제한된 표본을 사용하였지만, 한국인은 소가족화되어 떨어져 살면서도 '가족적 자아' 의식 속에서 친밀한 서로 돌봄 관계를 유지하며 공생(共生, 함께 어울려 삶)하면서 "우리 집안", "우리 그룹", "우리 사회" 사람으로서 서로 돌보는 관계를 유지해 나가고 있음을 뚜렷이 시사한다.

이 결과는 또한 우리가 승계한 인(仁)의 가치를 바탕으로 하는 부모, 가족, 친족, 이웃을 사랑하고 돌보는 효가 실행되고 있음을 시사하고 있다.

부록 IV. 24가지 효행

중국에서 만들어진 옛 '24가지 효행 이야기(二十四孝的故事)'는 한국어를 포함한 여러 나라 말로 번역되어 애독되었다. 이 옛날 효행 이야기들은 농경시대에 효자가 부모님을 위해 여러 가지 어렵고 힘든 일을 해서 효도했다는 내용의 짤막한 글로 되어 있다.

아래의 '새 24가지 효행'은 위의 옛이야기가 담고 있는 효의 기본정신을 갖추고 있겠으나 그 표현방식이 달라진 것이다. 오늘날의 경쟁적이며 기술적으로 분주하게 살아야 하는 산업사회에서 이루어질 수 있는 효행의 새로운 유형을 보여 주고 있다.

예로 부모님에게 용돈을 드리는 것, 인터넷 사용을 가르쳐 드리는 것, 사진을 찍어 드리는 것, 보험을 들어 드리는 것 등이 들어 있다.

이 '새 24가지 효행 이야기'도 역시 근년에 중국에서 만들어진 것이다. 이야기의 내용을 보면 우리에게도 해당될 수 있는 효행방식들이 들어 있다. 그러나 어떤 방식을 어느 정도로, 어느 때, 어느 장소에서 실행하느냐의 선택은 각자의 개인적, 가족적 및 생활환경적 사정에 따라 달라질 수 있다. 즉 효의 기본정신은 변함없이 존속하지만, 그 표현방식이 개인적 사정에 따라 수정, 변화될 수 있는 것이다.

효의 기본은 노부모님을 존중하며 이분들이 도움이 필요할 때 정서적 및 물질적으로 돌보아 드리는 것이다. 노부모는 물질적 돌봄에 못지않게 정서적 돌봄을 중요시하는 경향이다.

아래는 요사이 중국에서 권장되고 있는 효행의 유형들이다. 과거에 세계적으로 통용된 '24개 전통적 효(24孝的故事)'와 많이 달라졌다. 우리의 생활 실정에 맞지 않는 부분이 있겠으나 참고하기 바란다.

[효행 유형]

1. 자주 배우자와 자녀를 데리고 부모님 집 찾아뵙기
2. 명절과 휴일에는 되도록 부모님과 함께 보내기
3. 부모님께 생일잔치 차려 드리기
4. 친히 부모님을 위해서 밥 지어 드리기
5. 매주 부모님에게 전화 드리기
6. 부모님의 용돈을 넉넉하게 드리기
7. 부모님을 위해 사랑의 카드(경로우대카드 등) 만들어 드리기
8. 부모님의 지난날 일을 공손히 듣기
9. 부모님에게 인터넷 사용법을 가르쳐 드리기
10. 자주 부모님에게 사진 찍어 드리기
11. 부모님에게 사랑한다고 말로 표현하기
12. 부모님의 어려운 문제를 풀어 드리기
13. 부모님의 여가 취미를 지지하기
14. 홀로되신 부모님이 재혼하는 것을 지지하기
15. 정기적으로 부모님을 모시고 건강진단 하기
16. 부모님을 위해 보험 들어 드리기
17. 자주 부모님에게 속마음을 털어놓고 소통하기
18. 부모님과 함께 중요한 행사에 참가하기

19. 부모님을 모시고 나의 직장을 참관하기
20. 부모님을 모시고 여행을 하거나 추억의 장소로 놀러 가기
21. 부모님과 함께 운동하기
22. 알맞다고 보는 부모님의 개인적 행사에 참가하기
23. 부모님을 모시고 그분의 옛 친구분을 만나러 가기
24. 부모님을 모시고 옛날 영화를 보러 가기

참다운 효는 내 마음속에서 우러나는 '정'으로 행하는 것이다. 나 스스로 행하는 자율적인 행동이라야 한다.

참고문헌

고춘란, 2014, 중국 노인복지현황과 향후 발전과제, (중국 장춘공업대학교 사회보장학과 교수), 한림대학교 국제세미나 발표문.

교육과학기술부, 2011, 도덕과 교육과정, 교육과학부기술부 고시 제 2011-361호 (별책 6).

권중돈, 2004~2019, 노인복지론(7판), 학지사.

금장태, 2012, 퇴계평전: 인간의 길을 밝혀준 스승, 지식과 교양.

금장태, 2001, 퇴계의 삶과 철학, 서울대학교출판부.

김경희, 2003, 아동심리학, 박영사.

김낙진, 2004, 의리의 윤리와 한국의 유교문화, 집문당.

김동배, 2014, 노인과 자원봉사, 한국노년학회(편), 노년학의 이해(254-264), 서울: 도서출판 대영문화사.

김명일, 김순은, 2019, 노년기 부모자녀 결속 유형과 삶의 만족에 관한 연구, 한국노년학, 39(1), 145-167.

김미혜 외, 2015, 재가노인복지 20년, 도전과 대응, 노인연구정보센터.

김미해, 권금주, 2008, 며느리의 노인학대 과정에 관한 연구, 한국노년학, 28(3), 403-424.

김민경, 김미혜, 김주현, 정순돌, 2016, 장기요양기관 요양보호사의 노인인 권옹호행동 영향요인: 개인의 인권의식과 조직의 서비스지향성을 중심으로, 한국노년학, 36(3), 673-691.

김성희, 남희은, 박소진, 2012, 요양보호사의 직무만족이 서비스에 미치는 영향, 한국콘텐츠학회논문지.

김영란, 황정임, 최진희, 김은경, 2016, 부자가족의 가족역량강화를 위한 지원방안 연구, 한국여성정책연구원.

김영범, 박준식, 2004, 한국노인의 가족관계망과 삶의 만족도, 한국노년학, 24(1), 169-185.

김익기 외, 1999, 한국노인의 삶, 미래인력연구센터.

김인자 외, 2008, 긍정심리학, 물푸레.

김재엽, 1998, 한국노인부부의 부부폭력실태와 사회인구학적 관계 연구, 한국노년학, 18(1), 170-183.

나병균, 1985, 향약과 사회보장의 관계, 사회복지학회지, 7호, 21-50.

남석인 외, 2018, 사회복지사의 비윤리적 행위에 대한 대응책 개발, 한국사회복지행정학, 20(4), 139-174.

노인복지법 [법률 제3453호, 1981년 공포].

노자(老子)도덕경, 1989, 박일봉 역편, 육문사.

논어(論語), 1997, 이가원 감수, 홍신문화사.

대한노인회, 2016, 경로당 활성화 실태조사.

대한민국국회교육과학기술위원회, 2012, 교육비부담현황보고서.

도성달, 2013, 윤리, 세상을 만나다, 한국중앙연구원.

도성달, 2012, 서양윤리학에서 본 유학, 한국중앙연구원.

도세복, 2012, 보건·복지(Issues & Focus), 167호, 2012-48, 한국보건복지연구원.

류승국, 1995, 효와 인륜사회, 효사상과 미래사회, 한국정신문화연구원.

맹자(孟子), 1994, 이가원 감수, 홍신문화사.

모선희, 2000, 효윤리의 현황과 과제, 현대사회와 효의 실천방안, 한국노인문제연구소.

박상철, 2019, 당신의 100세: 존엄과 독립을 생각한다, Korea.Com.

박영란, 2000, 효관련 연구의 현황과 과제, 현대사회와 효의 실천방안, 한국노인문제연구소.

박재간, 1989, 전통적 사상과 현대적 의의, 전통윤리의 현대적 조명, 한국정신문화연구원.

박종홍, 1960, 퇴계의 인간과 사상, 국제문화연구소, 世界 2권, 4호.

박충선, 박은희 외, 2008, 활력있는 노인사회 만들기 60+ Plan, 대구경북연구원.

보건복지부, 2007, 노인학대상담사업 현황보고서.

보건복지부, 2014~2018년도 노인실태조사: 전국노인생활실태 및 복지욕구조사.

복지저널, 2018.10.(제122호), 민·관협력으로 커뮤니티케어 완성하자, 한국사회복지협의회.

부모은중경(父母恩重經), 1994, 권오석(역해), 홍신문화사.

성규탁 역, 1985, 사회복지행정조직론 (Y. Hasenfeld, Human Service

Organizations, 1983, Prentice-Hall), 박영사.

성규탁, 1989, 현대한국인의 효행에 관한 연구, 한국노년학, 9, 28-43.

성규탁, 1990, 한국노인의 가족중심적 상호부조망, 한국노년학, 9, 28-43.

성규탁, 1994, 한국인의 가족지향성, 현대사회와 사회사업, 우계어윤배박사 회갑기념논문집, 7-28.

성규탁, 1995, 한국인의 효행의지와 연령층들 간의 차이, 한국노년학, 15(1), 1-14.

성규탁, 1995, 새시대의 효, 연세대학교출판부.

성규탁, 2000, 노인을 위한 가족의 지원: 비교문화적 고찰, 사회복지, 45, 175-192.

성규탁 2001, 어른존경방식에 대한 탐험적 연구, 한국노년학, 21(2), 125-139.

성규탁, 2005, 현대 한국인의 효: 전통의 지속과 표현의 변화, 집문당. [대한민국학술원선정 우수도서].

성규탁, 2010, 한국인의 효 Ⅰ, Ⅱ, Ⅲ, Ⅳ, Ⅴ, 한국학술정보.

성규탁, 2013, '부모님, 선생님 고맙습니다'로 시작하는 효, 한국학술정보.

성규탁, 2014, 한국인의 세대 간 서로돌봄(전통·변화·복지), 집문당.

성규탁, 2016, 한국인의 효에 대한 사회조사-질적 및 양적 접근, 집문당.

성규탁, 2017, 효행에 관한 조사연구, 지문당.

성규탁, 2019, 부모님을 위한 돌봄, 한국학술정보.

성기월, 2005, 무료양로-요양시설 간호사의 업무내용과 직무만족도, 지역사회간호학회지, 1(3).

성서(聖書).

손인수, 1992, 한국인의 가치관, 교육가치관의 재발견, 문음사.

손인수 외, 1977, 한국인의 인간관, 삼화서적주식회사.

송복, 1999, 동양의 가치란 무엇인가: 논어의 세계, 미래인력연구센터.

송성자, 1997, 한국문화와 가족치료, 한국사회복지학, 32권, 160-180.

신석산, 2010, 효운동, 1%의 성공, 부산: 효운동본부.

신수정, 1999, 한국의 사회변동과 가족주의 전통, 한국가족관계학회지, 4(1), 165-192.

신용하, 2004, 21세기 한국사회와 공동체문화, 지식산업사.

신용하, 장경섭, 1996, 21세기 한국의 가족과 공동체 문화, 집문당.

신환철, 1995, 인간화를 위한 관료제 개혁, 사회과학연구, 21(95-2), 25-46.

심미옥, 2003, 초등학교학부모의 자녀지원활동에 관한 연구, 초등교육연구, 16(2), 333-358.

양옥경 외, 2018, 사회복지실천론 (5판), 나남.

양옥경 외(역), 2018, 사회복지와 탄력성, 나눔의 집.

예기(禮記), 1993, 권오순 역해, 홍신문화사.

오석홍, 2016, 인사행정론, 박영사.

왕웬양(王文亮), 2011, 中國之高齡者社會保障, 日本東京: 白帝社.

원영희, 모선희, 1998, 노인복지관에 관한 연구: 현황과 발전방안, 한국노년학, 18(2), 64-79.

유성호, 2009, 경로당 발전방안 탐색: 경로당 이용경험에 따른 노인들의 특성을 중심으로, 한국노년학, 29(4), 1463-1478.

유성호 외, 2016, 노인요양시설 입소노인에 대한 여성요양보호사의 폭력경험에 대한 탐색적 연구, 한국노년학, 36(4), 1037-1058.

유영림, 김명성, 배영미, 2018, 노인생활시설 사회복지슈퍼비전과 발전방안에 대한 질적사례연구, 사회복지행정학, 20(1), 107-149.

유종해, 이득로, 2015, 현대조직관리, 박영사.

윤경아, 이윤화, 2000, 장애노인의 사회복지서비스 욕구에 관한 연구, 한국노년학, 20(3), 77-91.

윤사순, 2008, 퇴계이황, 예문동양사상연구원.

윤성범, 1975, 현대와 효도, 을유문화사.

윤태림, 1970, 한국인의 의식구조, 문음사.

이경자 외, 2004, 노인전문간호사의 역할, 노인간호학회지.

이경희, 2016, 요양시설노인과 요양보호사에 있어 식사의 의미, 한국노년학, 36(4), 1157-1176.

이광규, 1990, 한국가족의 구조분석, 일지사.

이광규, 김태현, 최성재, 조흥식, 김규원, 1996, 가족의 관계역동성과 문제인식, 아산재단연구초서, 제29집.

이수원, 한국인의 인간관계구조와 정, 교육논총, 1, 1984. 5., 95-125.

이순민, 2016, 사회복지윤리와 철학, 학지사.

이승호, 신윤미, 2018, 공적돌봄과 가족돌봄의 종단적 관계: 재가노인돌봄을 중심으로, 한국노년학, 38(4), 1035-1055.

아여봉, 2017, 가족 안의 사회, 사회 안의 가족, 양서원.

이연숙, 2011, 체험주의의 초등도덕교육에 대한 함의연구, 초등교육연구, 24(3), 51-72.

이이, 율곡전서, 국역, 1985, 한국정신문화연구원, 권 19.

이정덕(1981), 한국에서의 이상적 가족에 관한 구세대와 신세대의 다른 가치관에 관한 비교연구, 성곡논총, 12.

이준우, 선문진희, 2016, 재가노인복지, 재가노인을 위한 사회서비스, 파란마음.

이창숙, 하정화, 2019, 경로당 이용 여성 노인의 친구·이웃 집단따돌림 현상 연구, 한국노년학, 38(3), 485-515.

이혜자, 김윤정, 2004, 부부관계가 노년기 삶의 질에 미치는 영향, 한국노년학, 24(4), 197-214.

이황(李滉), 윤사순 역주, 2014, 퇴계선집, 현암사.

이황(李滉), 이광호 역, 1987, 성학십도, 홍익출판사.

이황(李滉), 장기근 역해, 2003, 퇴계집(退溪集), 홍신문화사.

이희경, 2010, 유아교육개론, 태양출판사.

일본사회복지사윤리강령, 2006.

일본민법 Ⅳ, 친족상속법.

임진영, 2003, 어머니의 양육태도와 아동의 자아개념이 아동의 대인관계에 주는 영향, 초등교육연구, 16(1), 379-399.

임태섭, 1994, 체면의 구조와 체면욕구의 결정요인에 대한 연구, 한국언론학보 32호, 207-247.

전미경, 짐정현, 2008, 초등교과서에 재현된 노인에 대한 연구, 한국노년학, 28(3), 663-685.

정경배, 1999, 21세기 노인복지정책 방향, 노인복지정책연구, 한국보건사회연구원.

정경희, 강은나, 2016, 한국노인의 사회적 연계망 유형, 한국노년학(3), 765-783.

정순돌, 이현주, 김곤은, 최여희, 2008, 경로당 임원노인에게 있어 리더십에 관한 연구, 한국노년학, 28(1), 197-218.

정순목, 1990, 퇴계의 교육철학, 지식산업사.

정승은, 이순희, 2009, 노인요양시설 간호사의 실무경험, 간호행정학회지,

15(1), 116-127.

정현숙, 옥선화, 2015, 가족관계, KNOU Press.

조석준, 1994, 한국행정학과 조직문화, 대영문화사.

조지현, 오세균, 양철호, 2012, 아시아 4개국의 노인부양의식 및 노인부양
　　　행위에 관한 비교연구, 사회연구, 통권 22호, 7-42.

중용(中庸), 2000, 이가원 (감수), 홍신문화사.

지교헌, 1988, 한민족의 정신사적 기초, 한국정신문화연구원.

최문형, 2000, "동학사상에 나타난 민족통일이념 연구", 남북한 민족공동체
　　　의 지속과 변동, 교육정책연구 2000-지-1, 교육인적자원부, 111.

최문형, 한국전통사상의 탐구와 전망, 2004, 경인문화사, 336-348.

최상진, 유승엽, 1992, 한국인의 체면에 대한 사회심리학적 분석, 한국심리
　　　학회지: 사회 및 성격, 6(2), 137-157.

최상진, 2012, 한국인의 심리학, 학지사.

최상진, 사회적 측면에서 본 한국인의 인간관계, 중앙대학교 문리대학보,
　　　43, 1985, 26-31.

최상진, 김기범, 2011, 문화심리학-현대한국인의 심리분석, 지식산업사.

최연실 외(15인), 2015, 한국가족을 말한다: 현상과 쟁점, 도서출판 하우.

최재석, 1982, 한국가족연구, 일지사.

최재석, 1994, 한국가족연구, 일지사.

최재석, 2009, 한국의 가족과 사회, 경인문화사.

최재성, 2016, 노인요양원과 문화변화, 아산재단연구총서, 집문당.

최정혜, 1998, 기혼자녀의 효의식, 가족주의 및 부모부양의식, 한국노년학,
　　　18(2), 47-63.

최혜경, 2006, 가족법 개정운동에 비춰 본 한국의 가족제도, 오늘의 한국가
　　　족 어디로 가고 있나? 아산사회복지재단 29.

통계청사회조사, 2008～2017.

편상훈, 이춘실, 2008, 울산광역시 노인요양시설 운영의 문제점과 개선방안,
　　　한국행정논집, 20(1), 261-287.

한경혜, 성미애, 진미정, 2014, 가족발달, KNOU Press.

한경혜, 주지현, 이정화, 2008, 조손가족 조모가 경험하는 손자녀 가족의 보
　　　상과 비용, 한국노년학, 28(4).

한경혜, 1998, 만성질환노인의 부양체계로서의 가족의 역할: 21세기 변화전

　　　망 및 지원책 모색, 한국노년학, 18(1), 46-58.
한국갤럽, 2011, 01. 31., 한국인이 효.
한국노인문제연구소, 2000, 현대사회와 효의 실천방안.
한국노인문제연구소, 1985, 한국효행실록.
한국보건사회연구원, 전경희 외, 2012, 2011년도 노인실태조사.
한국보건사회연구원, 2016, 가족형태 다변화에 따른 부양체계변화 전망과
　　　공사 간 부양부담방안(책임연구원 김유경).
한국사회복지학회, 2015, 한국사회복지교육, 신정.
한국사회복지사협회 윤리강령, 2012.
한국청소년개발원, 2011, 청소년심리학, 교육과학사.
한동희, 2002, 노인학대의 의미와 사회적 개입에 대한 노인들의 인식연구,
　　　한국사회복지학, 50, 193-208.
한정란, 2003, 청소년들의 노인에 대한 태도 연구, 한국노년학, 23(4), 181-195.
한정웅 외, 2020, 자원봉사론, 양서원.
한형수, 2011, 한국사회 도시노인의 삶의 질 연구, 청록출판사.
한국노년학회, 2018년 후기 학술대회 발표, 26-30.
황진수, 2011, 노인복지론, 공동체.
허준수, 2018, 초고령사회에 대비한 노인종합복지관의 대응전략.
효경(孝經), 1989, 박일봉(편역), 육문사.
효도실버신문, 2018.8.13. (제208호).
효행장려법, [법령 제15190호] 2017년 공포.

Aquinas, T., 1981, Summa Theologica. Westminster, MD: Christian Classics.
　　　Question 106, Article 5.
Beveridge Report (The), Social insurance and allied services, 1942. CMD
　　　6404, HMSD, London.
Blenkner, M., 1965, Social work and family relationships in later life with
　　　some thoughts on filial maturity, social structure and the family:
　　　Generational Relations, E. Shanas & G. F. Streib (Eds.). Englewood
　　　Cliffs, NJ: Prentice-Hall. 46-59.
Campton, B., & Galaway, B., 1984, Social work process. (3rd Ed). Chicago,
　　　IL: Dorsey Press.

Chow, N., 1995, Filial piety in Asian Chinese communities. Paper presented at 5th Asia/Oceania Regional Congress of Gerontology, Honk Kong, 20 November.

Cicirelli, S., 2011, Psychology. Boston: Pearson.

Cogwill, D. O., & Holmes, L. D., 1986, Aging and modernization. New York: Appleton-Century-Crofts.

Connidis, I. A., 2009, Family ties and aging. Sage.

Cox, H. G., 1990, Roles for aged individuals in post-industrial societies, International Journal of Aging and Human Development 30: 55-62.

De Vos, G. A., 1988, Confucian family socialization: Religion, morality and propriety. (In) D. J. Okimoto, & T. R. Rohren(Eds.), Inside the Japanese system: Readings on contemporary society and political economy. Stanford University Press.

Dillon, R. S., 1992, Respect and care: Toward moral integration. Canadian Journal of Philosophy 22.

Doty, P., 1986, Family care for the elderly, The role of public policy. The Milbunk Quarterly 64: 34-75.

Downie, R. S., & Telfer, E., 1969, Respect for persons. London: Allen and Unwin.

Du, P., 2013, Filial piety in the New Century China. Paper presented at The World Congress of Gerontology and Geriatrics. Seoul, Korea, 7.24.

Emmons, R. A., & McCullough, M. E., 2008, Thanks!: How practicing gratitude can make you happier. Boston: Houghton Mifflin.

Finkel, A., 1982, Aging in Jewish perspective, In Aging: Spiritual perspective, F. V. Tiso (Ed.). Lake Worth, FL: Opera Pia International/Sunday Publications. 122.

Fromm, E., 2006, The art of loving. New York: Harper and Row.

Gambrill, E., 1983, Casework: A competency-based approach. Englewood Cliffs, NJ: Prentice-Hall.

Goldstein, H., 1998, Education for ethical dilemmas in social work practice. Families in Society, May-June, 241-253.

Hasenfeld, Y., 1985, 성규탁 역, Human service organizations. Englewood Cliffs: Prentice Hall. 박영사.

Hasenfeld, Y., 2009, Human services as complex organizations. Sage.

Hashimoto, A., 2004, Culture, power, and the discourse of filial piety in Japan: The disempowerment of youth and its social consequences. (In) Filial Piety: (Ed.) C. Ikels. Stanford University Press.

Heady, K., 2002, Managing in a market environment, British Journal of Social Work 32(5), 527-540.

IAGG(International Association of Gerontology & Geriatrics), 2013, 23-27, 20th World Congress Proceedings, Seoul, Korea.

Katz, D., & Kahn, R. L., 1978, The social psychology of organizations. New York: John Wiley.

Kim, U., Triandis, H. C., Kagichobasi, C., & Choi, S. C., 1994, Individualism and Collectivism: Theory. method, and application. Beverly-Hills, CA: Sage.

Koyano, W., 1996, Filial piety and intergenerational solidarity in Japan, Australian Journal of Ageing 15, 51-56.

Levy, C., 1982, Guide to ethical decisions and actions for social service administrators. New York: Haworth Press.

Lewis, R. A., 1990, The adult child and older parents, (In) T. H. Brubaker (Ed.), Family relationship in later life. Sage.

Likert, R., 1967, Human organization. New York: McGraw-Hill.

Litwak, E., 1985, Helping the elderly: The complementary networks & formal systems, New York: The Gulford Press.

Makizono, K., 1986, The perspectives of modern youth on the aged(Gendaiseinen no ronenkan). Problem of Adolescence(Seishonen Mondai) 33, 4-13.

Mayo, E., 1933, The human problems in an industrial civilization. New York: Macmillan.

Mehta, K., 1997, Respect redefined: Focus group insights from Singapore, International Journal of Aging and Human Development 44, 205-219.

Myrdal, G., 1958, Value in social theory, P. Streeten, (Ed.). New York: Harper.

NASW(National Association of Social Workers, U.S.A.), 2012, Code of Ethics.

Netting, J. E., Kettner, P. M., & McMurtry, S. L., 2016, Social work macro-practice. (6th Ed.) New York: Longman.

Nydegger, C. N., 1986, Familly ties of the aged in cross-cultural perspective. The Gerontologist 23, 26-32.

Palmore, E. B., 1989, Ageism: Negative and positve. New York: Springer.

Pillemer, K. A., & Finkelhor, D., 1988, The prevalence of elder abuse. The Gerontologist 28, 51-57.

Queresi, H., & Walker, A., 1989, The caring relationship: Elderly people and their families. New York: McMillan.

Raiskola, P. S., & Kuroki, Y., 2010, Aging and elderly care practice in Japan: Main issues, policy and program perspective. Research Gate, February 2010.

Rawls, J., 2005, A theory of justice. Cambridge, MA: Harvard Univ. Press.

Rogers, C., 1961, On becoming a peson, Boston: Houghton Mifflin.

Roland, A., 1989, In search of self in India and Japan. Princeton University Press.

Serrano, R., Saltman, R., & Yeh, M.-J., 2017, Laws on filial support in four Asian countries, Bull World Health Organ, 95(11), 788-790.

Simmel, O. S., 2008, The web of group affiliation. New York: Free Press.

Singapore Statues Online, 2020, Maintenance of Parents Act(Chapter 167B).

Soeda, Y., 1978, Shutaitekina ronenzo o matomete. Gendai no Esprit 126, 5-24.

Streib, G. F., 1987, Old age in sociocultural context: China and the United States. Journal of Aging Studies 7, 95-112.

Sung, K. T.(성규탁), 1990, A new look at filial piety: Ideals and practice of family-centered parent care in Korea. The Gerontologist 30, 610-617.

Sung, K. T., 1992, Motivations for parent care: The case of filial children in Korea. International Journal of Aging and Human Development 34, 179-194.

Sung, K. T., 1995, Measures and dimensions of filial piety. The Gerontologist

35, 240-247.

Sung, K. T., 1998, An exploration of actions of filial piety. Journal of Aging Studies 12, 369-386.

Sung, K. T., 2001, Family support for the elderly in Korea. Journal of Aging and Social Policy 12, 65-79.

Sung, K. T., & Dunkle, R. E., 2009, How social workers demonstrate respect for elderly clients. Journal of Gerontological Social Work 53: 250-260.

Sung K. T., & Hagiwara, S., 2009, Japanese young adults and elder respect: Exploration of forms and expressions. University of Michigan-Hosei University.

Sung, K. T., & Kim, B. J., 2009, Respect for the elderly: Implications for human service providers. Lanham, MD: University Press of America.

Sung K. T., & Yan, G., 2007, Chinese young adults and elder respect. University of Southern California-S hanghai University.

Titmuss, R. M., 1976, Essays on the welfare state. Policy Press.

Tomita, S., 1994, Consideration of cultural factors in the research of elder mistreatment with an in-depth look at the Japanese, Journal of Cross-Cultural Gereontology 9, 39-52.

Tu, W. M., 1995, Humanity as embodied love: Exploring filial piety in a global ethical perspective. (In) Filial Piety in Future Society. Gyonggido, South Korea: The Academy of Korean Studies.

Wenger, G. C., 2002, Using network variation in practice: Identification of support network type. Health and Social Care in the Community 10, 28-35.

Yang, O. K.(양옥경), 2011, Changes in the social support system, (In) Advancing social welfare of Korea: Challenges and approaches. Seoul: Jimoondang.

Yoon, H.(윤현숙), & Hendricks, J. (Eds.), 2018, Handbook of Asian Aging. Boca Raton, FL: CRC Press.

찾아보기

성규탁(成圭鐸, Kyu-taik Sung)

e-mail: sung.kyutaik@gmail.com

충북 청주중학교 & 고등학교 졸업
서울대학교 문리과대학 & 대학원 졸업(BA, MA)
재단법인3·1문화재단(창립 시) 사무국장 [3·1문화상, 3·1장학금관리]
University of Michigan 사회사업대학원 졸업(MSW)
University of Michigan 대학원 졸업(Ph.D.)
(전) University of Wisconsin-Madison 사회사업대학원 교수
연세대학교 사회복지학과(창립 시) 학과장
연세대학교 사회복지연구소(창립 시) 소장
University of Chicago Fellow(선경 최종현학술원 지원) (동아시아 효문화 연구)
한국사회복지학회장
한국노년학회장

<연세대학교 은퇴>

Michigan State University 사회사업대학원 전임교수
University of Southern California 사회사업대학원 석좌교수(Frances Wu Endowed
　Chair Professor) (동아시아가족복지 및 사회복지행정 연구)
University of Michigan 사회사업대학원 초빙교수
Elder Respect, Inc.(敬老會)(창립 시) 대표

<귀국>

한국복지경제연구원 효문화연구소 대표
한국사회복지사협회 원로회 공동위원장
시회복지교육실천포럼 대표
서울 중화노인복지관 운영위원장
서울 강남시니어클럽(노인일자리마련 기관) 운영위원장

<저서(국문): 효 관련>

새 時代의 孝 (연세대학교출판부) (연세대학교 학술상 수상) 1995
새 시대의 효 Ⅰ (문음사) (아산재단 아산효행상 수상) 1996
새 시대의 효 Ⅱ (문음사) (문화공보부 추천도서) 1996
새 시대의 효 Ⅲ (문음사) 1996
현대 한국인의 효 (집문당) (대한민국학술원 선정 우수도서) 2005
한국인의 효 Ⅰ (한국학술정보) 2010
한국인의 효 Ⅱ (한국학술정보) 2010

한국인의 효 Ⅲ (한국학술정보) 2010
한국인의 효 Ⅳ (한국학술정보) 2010
한국인의 효 Ⅴ (한국학술정보) 2010
어른을 존중하는 중국, 일본, 한국 사람들 (한국학술정보) 2011
어떻게 섬길까: 동아시아인의 에티켓 (한국학술정보) 2012
한국인의 서로 돌봄: 사랑과 섬김의 실천 (한국학술정보) 2013
부모님, 선생님 "고맙습니다"로 시작하는 효 (한국학술정보) 2013
한국인의 세대 간 서로돌봄: 전통-변천-복지 (집문당) 2014
한국인의 효에 대한 사회조사 (집문당) 2015
효행에 관한 조사연구 (집문당) 2016
효, 사회복지의 기틀: 퇴계의 가르침 (문음사) 2017
부모님을 위한 돌봄 (한국학술정보) 2019
한국인의 어른에 대한 올바른 존중 (한국학술정보) 2019
현대 한국인의 노후 돌봄 (한국학술정보) 2020

<저서(국문): 사회복지 관련>
사회복지행정론 (법문사)
사회복지행정론(역서) (한국사회개발연구원)
사회복지조직론(역서) (박영사)
사회복지사업관리론(역서) (법문사)
산업복지론 (박영사)
정책평가 (법영사)
사회복지임상조사방법론 (법문사)
사회복지실천평가론 (법문사)
사화복지관의 기능 및 역할정립에 관한 연구 (삼성복지재단)
가족측정론 (중앙적성출판사)
사회복지시설의 인간화 (제작 중)

〈저서(영문)〉

Care and respect for the elderly in Korea: Filial piety in modern times in East Asia [한국의 노인 돌봄 및 존중: 현대 동아시아의 효]. Seoul: Jimoondang, 2005

Respect and care for the elderly: The East Asian way [노인에 대한 존경과 돌봄: 동아시아적 방법]. Lanham, MD: University Press of America. 2007.

Respect for the elderly: Implications for human service providers [노인존중: 사회복지사를 위한 함의자료]. Lanham, MD: University Press of America. 2009.

Advancing social welfare of Korea: Challenges and approaches [한국의 발전하는 사회복지: 도전과 접근]. Seoul: Jimoondang. 2011.

The Organizational Effectiveness of Family Planning Clinics [가족계획진료소의 조직적 효과성에 관한 연구]. Ann Arbor: The University of Michigan School of Social Work. 1974.

Evolving social welfare of Korea: Issues and approaches [In press]

<논문(국내)>

사회복지학회지
연세사회복지연구
사회복지
한국정신문화연구원논총
한림과학원총서
승곡논총
한국노년학
노인복지정책연구총서 등에 발표

<논문(외국)>

Journal of Social Service Research
Administration in Social Work
International Social Work
Society and Welfare
Social Indicators Research
Journal of Family Issues
Journal of Applied Social Sciences
Journal of Poverty
The Gerontologist
Journal of Aging Studies
International Journal of Aging & Human Development
Journal of Gerontological Social Work
Journal of Elder Abuse & Neglect
Journal of Cross-Cultural Gerontology
Journal of Aging & Social Policy
Educational Gerontology
Ageing International
Journal of Aging and Identity
Journal of Aging, Humanities, and the Arts
Journal of Religious Gerontology
Hong Kong Journal of Gerontology
Australian Journal on Ageing
The Southwest Journal of Aging
Journal of East and West Studies
International Journal of Social Research & Practice
Public Health Reports

Public Health Reviews
Health and Social Work
Studies in Family Planning
Children and Youth Service Review
Child Care Quarterly
Child Welfare 등에 발표

사회적 효와 가족적 효의 종합

새 시대
한국인의 효

초판인쇄 2020년 6월 1일
초판발행 2020년 6월 1일

지은이 성규탁
펴낸이 채종준
펴낸곳 한국학술정보㈜
주소 경기도 파주시 회동길 230(문발동)
전화 031) 908-3181(대표)
팩스 031) 908-3189
홈페이지 http://ebook.kstudy.com
전자우편 출판사업부 publish@kstudy.com
등록 제일산-115호(2000. 6. 19)

ISBN 978-89-268-9958-8 93150